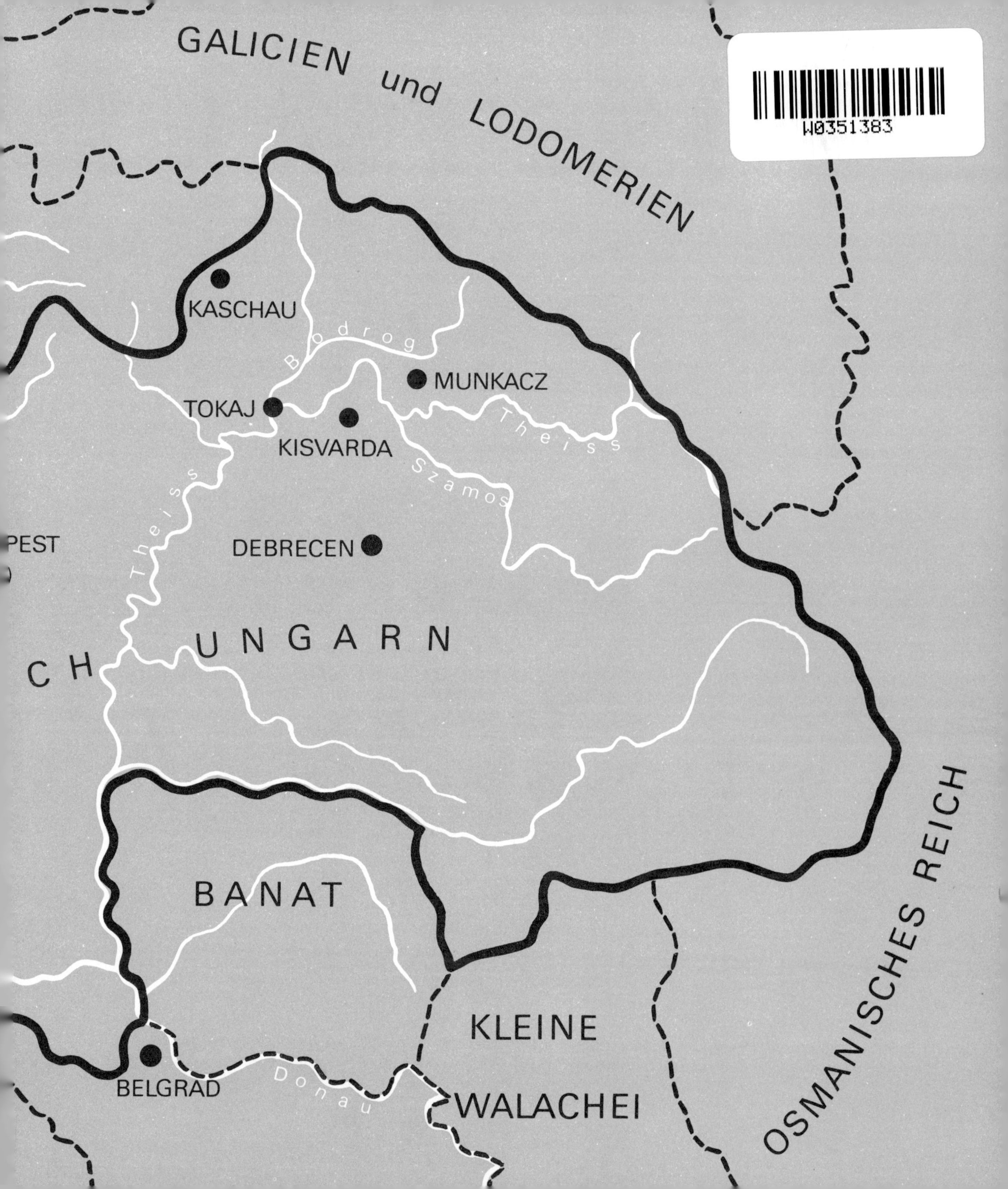
GALICIEN und LODOMERIEN
KASCHAU
Bodrog
MUNKACZ
TOKAJ
KISVARDA
Theiss
Szamos
Theiss
PEST
DEBRECEN
CH
UNGARN
BANAT
KLEINE
WALACHEI
BELGRAD
Donau
OSMANISCHES REICH

Im Penny Verlag **bisher erschienen:**

Bildbände:

Der Westen war ihr Schicksal

Die historisch belegte Geschichte der Pelzjäger, Trapper, Cowboys, US-Kavallerie und Indianer im »Wilden Westen«. Penny veröffentlicht in diesem spannend geschriebenen Bildband seltene Fotos und wertvolle Illustrationen aus der amerikanischen Pioniergeschichte.

Spannender Grand Prix

Der atemberaubende Bericht über die berühmten Autorennfahrer und ihre großen Siege. Von einem der besten Rennsport-Fotografen in faszinierenden Fotos festgehalten – mit einer Widmung des fünffachen Automobil-Weltmeisters Juan Manuel Fangio.

ArpadS neue Abenteuer

Die abenteuerlichen Erlebnisse des kühnen ungarischen Draufgängers, der alle Gegner durch Schlauheit überlistet. Schon Millionen von Fernsehzuschauern haben Arpad in ihr Herz geschlossen.

Bedrohte Tierwelt

Eugen Schuhmacher – populär durch Film und Fernsehen – schildert in diesem anspruchsvollen Werk seine einmaligen Expeditionen zu den seltensten Tieren unserer Erde.

Unsere Bambi-Lieblinge von Film und Fernsehen

Dieser von jung und alt immer wieder gewünschte Bildband präsentiert erstmalig die vom Publikum gewählten, beliebtesten deutschen und ausländischen Film- und Fernsehstars. Und dazu die bekanntesten Fernsehserien: »Der Kommissar«, »Bonanza«, »Die 2«, »Dr. Dolittle«, »Raumschiff Enterprise«, »Tarzan« und viele andere.

PennyS liebste Tiere

Dieses Buch zeigt vor allem dem jungen Tierfreund, wie man mit Haustieren umgeht und lebt, wie man sie pflegt und richtig behandelt.

Schönheit der Natur
Heimische Pflanzen und Tiere

Wir begleiten den Autor dieses wunderbaren Bildbandes auf seinen erlebnisreichen Streifzügen durch Feld, Wald und Flur und stellen mit Erstaunen fest, daß es in unserer unmittelbaren Umgebung noch immer eine Fülle verborgener Schönheit der Natur und ein vielfältiges Tierleben gibt.

Das große Abenteuer der Fliegerei + Raumfahrt

Dieses Dokument voller Dramatik und Information schildert eindrucksvoll den uralten Traum des Menschen vom Fliegen, seinen unermüdlichen Forscherdrang und die Sehnsucht, ferne Planeten zu entdecken.

Sattelfest
Alles über Pferde und Reiter

Die Welt des Pferdes: vom Reitunterricht für Anfänger, edlen Pferderassen, der Spanischen Hofreitschule, den einzelnen Sportdisziplinen und weltbekannten Reitern über Cowboys und Mustangs bis hin zum Lexikon für Pferdefreunde. Ein anspruchsvoll-unterhaltendes Werk, das Verständnis schafft für den Freund des Menschen. Mit zahlreichen Großfotos, wertvollen Illustrationen und anschaulichen Zeichnungen.

Die Fortsetzung des Penny-Verlagsprogramms finden Sie auf der letzten Seite.

Alle im Penny Verlag erschienenen Werke sind von ausgesuchter Qualität und besonders preiswert. Ausführliche Hinweise auf das Programm stehen im farbigen Penny-Sammler-Katalog. Bitte anfordern bei: Penny, Postfach 1, 6 Frankfurt 1.

PENNY-BILDBAND

ARPADS NEUE ABENTEUER

THOMAS MÜNSTER

ARPADS NEUE ABENTEUER

Wie der kühne ungarische Draufgänger
alle Gegner durch Schlauheit überlistet

PENNY VERLAG

Die Umschlagmotive sowie sämtliche Sammelbilder, Farb- und Schwarzweißfotos im Innenteil stammen aus der Fernsehserie »Arpad der Zigeuner«. Die Veröffentlichung erfolgt mit freundlicher Genehmigung der tv Tomus Verlag GmbH, München.

ISBN 3-921 260-02-7

Layout: Raymond Kastner, Frankfurt am Main
Druck: Salzer - Ueberreuter, Wien
Printed in Austria

Der Autor

THOMAS MÜNSTER schrieb zunächst Kurzgeschichten und Glossen für die Tagespresse; seit 1958 Reisebücher, Romane, Essays und Fernsehspiele.
Seine Essays (u. a. »Kreta hat andere Sterne«) sind ebenso lesenswert wie seine anspruchsvoll geschriebenen Jugendbücher (z. B. »Reise nach Europa«).
Vor allem aber gilt Thomas Münster als Experte für Geschichte und Brauchtum der Zigeuner. Eines seiner wichtigsten Werke ist die 1969 erschienene Dokumentation »Zigeuner-Saga«.
Münster arbeitet seit 1964 als Drehbuchautor für Film und Fernsehen. Seinen bisher größten Erfolg errang er mit der beliebten Fernsehserie »Arpad, der Zigeuner«.
Das vorliegende Werk beweist erneut, daß Thomas Münster meisterhaft zu schreiben versteht. Dieses spannende und humorige Abenteuerbuch wird deshalb jung und alt begeistern.

Inhalt

Vorwort

Die Erzählung »Arpads neue Abenteuer« spielt in der Zeit zwischen dem »Großen Türkenkrieg« und dem Frieden von Sathmar, den ein General des Fürsten von Siebenbürgen Franz II. Rakoczy im Jahre 1711 mit Österreich schloß.
Nach der Belagerung Wiens (1683) stießen österreichische Truppen auf den Balkan vor, wo man sie allgemein als Befreier begrüßte. Durch die Bestimmung, Ungarn habe die Kosten seiner Befreiung (also des »Großen Türkenkriegs«) selbst zu tragen, wurde eine Zeit der Unterdrückung und Ausbeutung eingeleitet, von der der Historiker Julius Mikoczy sagt:» . . . daß nämlich der Söldner unter der unglücklichen Bevölkerung ärger hauste als der Türke«. In Anlehnung an die historischen Ereignisse verbindet das Buch drei Personengruppen: Zunächst den Kreis um Rakoczy (im Buch Beketschy), der sein Schloß Munkacz (heute Mukachevo, im Buch Jankatsch) als letztes Widerstandsnest gegen Österreich hielt und später den Kuruzzenaufstand anführte. Man hat ihn den ersten europäischen Sozialisten genannt. Die zweite Gruppe sind die Bauern von Tokaj, deren Aufstand im Jahre 1690 blutig niedergeschlagen wurde. Schließlich die Zigeuner, von denen besonders Michael Varna (im Buch Arpad) und Panna Cinka (im Buch Rilana) zu nennen sind.
Die meisten der heute noch vorhandenen Kuruzzenlieder wurden von ihnen gedichtet und vorgetragen. Zur Zeit der Kuruzzenkriege sang man diese Lieder in ganz Europa, außer in Österreich.

Ungarn brennt

Drei Jahre lang war Arpad unterwegs, dann hatte er das Geld beisammen: Fünfzig türkische Gurusch — Kaufpreis für die Häuptlingstochter Rilana.
Die Reise war ihm nicht leicht gefallen. Die Weißdornleute hatten ihn gewarnt, denn kein Fahrender geht zu Kriegszeiten auf die Straße. Man verzieht sich in ein Waldversteck und wartet ab, bis der Sturm vorüber ist. Er konnte jedoch seine Ungeduld nicht mehr zähmen, erst recht nicht, seit ihm der alte Mulimir gesagt hatte, was seine Tochter kosten sollte; denn nun galt er als ihr Bräutigam und durfte bis zum Hochzeitstag nicht mehr mit Rilana sprechen. Darum hatte er kurzerhand sein Messer in den Gürtel gesteckt, die Lederjacke über die Schultern geworfen, den breitkrempigen Filz aufgesetzt und war losgezogen — nach Süden, denn im Norden war ihm der Weg durch die österreichische Militärgrenze verlegt. Bis an den Bosporus wanderte er, und weit darüber hinaus bis tief nach Asien. Als Siebwirker und Kesselflicker verdiente er sein Brot. Das war mühsam genug, weil er die türkischen Garnisonen und die großen Städte zu meiden hatte. Jeder landstreichende Zigeuner galt in diesen Tagen als Spion, den man ohne Verhandlung und Urteil an den nächsten Baum knüpfen durfte.
Als er dann genug gespart hatte — fünfzig Gurusch in einem trockenen Ziegendarm versteckt auf den nackten Leib gebunden — da war ihm die Heimkehr verlegt: Inzwischen hatten österreichische Soldaten die Türken aus Ungarn vertrieben. Die Militärgrenze war nach Süden verschoben worden und wurde durch die Uskoken gesichert. Uskoken nannten sich die Flüchtlinge aus den Balkanländern, vor allem aus Serbien. Sie hatten sehr unter der Türkenherrschaft gelitten, haßten den Türk wie die Cholera und brachten jeden um, der versuchte über die Grenze zu gehen oder zu kommen.
Arpad wartete auf eine Nacht, in der der Mond nur noch als schmaler Streifen am Himmel stand und kaum Licht gab, dann wagte er es. Durch die türkische Sperre kam er leicht, denn die Türken saßen in befestigten Grenzwachen und streiften nur zu bestimmten Zeiten durch ihren Postenbereich. Aber die Uskoken bildeten eine zusammenhängende Kette entlang der Grenze. Sie waren jederzeit überall!
Als er zum erstenmal angerufen wurde, und als der erste Schuß fiel, rannte der Zigeuner auf das nächste Gebüsch zu, fand eine sanfte Erdmulde und wühlte sich tief in das faulige Laub. Da lag er für den Rest der Nacht und am folgenden Tag. Gedämpft ver-

nahm er das Geschrei der Uskoken, einzelne Schüsse. Erst als es wieder dunkel war und er hoffen durfte, daß sie ihre Suche eingestellt hatten, kroch er mit steifen Gliedern auf Händen und Füßen weiter.
Dann war er wieder daheim im Waldversteck bei den Weißdornleuten. Die Stammesbrüder begrüßten ihn voller Herzlichkeit; es hatte kaum noch einer damit gerechnet, daß er nach dreijähriger Abwesenheit zurückkehren würde. Er legte sich ins Zelt und schlief zwei Nächte und einen Tag lang. Dann rief er seinen Freund Milan, der vor drei Jahren sein Brautwerber war, und ging mit ihm vor das Zelt des Häuptlings. Die Brüder und Schwestern vom Weißdorn, denen sie unterwegs begegneten, schlossen sich an, denn keiner wollte sich den feierlichen Augenblick entgehen lassen, daß Mulimir seine Tochter Rilana dem Zigeuner Arpad zuführte.
Milan trug eine geflochtene Schwinge aus Weidenruten. Darin lagen die fünfzig Gurusch, daneben ein Brabanter Spitzentuch als Geschenk für Rilana und ein ziselierter Damaszenerdolch als Geschenk für Mulimir, der jeden Augenblick mit seiner Tochter aus dem Zelt treten würde.
Aber der Häuptling ließ sich Zeit. Schon zweimal hatte Milan gerufen: »Vater Mulimir, Bruder Arpad steht vor deinem Zelt.« Da endlich schlug der Häuptling die Plane zurück und trat ins Freie. Aber seine Tochter war nicht bei ihm! Er blickte in die erwartungsvollen Gesichter, sah auf den Boden, als habe er dort etwas verloren, schaute wieder auf und musterte das Geld auf der Schwinge . . . man hatte den Eindruck, es sei ihm nicht sonderlich wohl in seiner Haut. Schon wollte Milan die Worte der Werbung sprechen, da schüttelte Mulimir den Kopf. Er deutete auf das türkische Geld und fragte: »Kann mir einer sagen, was ich damit anfangen soll?«

Die Stammesbrüder begrüßen Arpad voller Herzlichkeit. Niemand hat damit gerechnet, daß er zurückkommen würde

Stille! — Damit hatte keiner gerechnet. Ein Häuptling, der nicht zu seinem Wort steht? — Betroffen sahen die Zigeuner einander an, Milan suchte nach Worten. »Aber das . . . « stammelte er schließlich, »das . . . das war so abgemacht«, und das beifällige Murmeln der Stammesbrüder bestätigte, daß auch sie kein Verständnis für den Treuebruch ihres Häuptlings aufbrachten. Der Häuptling senkte wieder den Blick; er wußte, wie sehr er sich ins Unrecht setzte, trotzdem sprach er mit ruhiger Stimme weiter: »Es war so abgemacht . . . vor drei Jahren . . . damals hätte ich für fünfzig Gurusch viel kaufen können. Kleider für alle, die hier im Lager halbnackt herumlaufen müssen . . . Nahrung für die hungrigen Mäuler unserer Kinder. Aber was fang' ich heute mit türkischem Geld an. Hier gilt nicht mehr der Gurusch, hier gelten einzig und allein die runden Wiener . . . aber auch die haben fast keinen Wert mehr.«

»Man kann das Geld umtauschen.«

»Nein, Milan, du weißt selbst, daß keiner Türkengeld haben will. Er käme ja in Verruf. Es würde heißen, er arbeitet mit dem Türk zusammen. Aber wenn du auch runde Wiener hättest oder echte Glocken-Taler, was fang' ich noch mit ein paar Silberstücken an? Es ist alles teurer geworden!«

»Du willst also sagen, auch die Weiber sind teurer geworden.«

»Alles ist teurer geworden!«

In diesem Augenblick meldete sich zum ersten Mal der Zigeuner Arpad zu Wort. »Nicht alles ist teurer geworden«, sagte er halblaut, »manches ist auch billiger geworden.«

»Da machst du mich neugierig.«

»Deine Worte, Häuptling Mulimir, deine Worte sind billiger geworden! Früher waren sie Gold wert — als man sich noch auf dich verlassen konnte. Jetzt haben sie weniger Wert als das Kläffen eines räudigen Köters.«

Die Brüder und Schwestern vom Weißdorn schließen sich dem Brautwerber an. Keiner will sich den feierlichen Augenblick entgehen lassen

Jekub, der älteste Vater des Stammes, meldet sich zu Wort, und alle Männer und Frauen hören ihm aufmerksam zu

Er wendete sich ab, schaute aber noch einmal zurück und sagte: »Ich verlange, daß du heut' abend die Männer zusammenrufst. Ich will hören, ob die Männer vom Weißdorn einen wortbrüchigen Häuptling dulden.« Dann ging er langsam fort. Der Häuptling blickte ihm nach, öffnete den Mund, als habe er etwas zu seiner Rechtfertigung sagen wollen, und senkte dann wie beschämt den Kopf. Die Zuschauer verliefen sich, keiner sprach mit Mulimir noch ein Wort. Dieser Häuptling, dessen waren alle sicher, würde heute abend nicht mehr Häuptling der Weißdornleute sein.
Aber dann kam die große Überraschung: Jekub, der älteste Vater des Stammes, der es längst aufgegeben hatte, seine Sommer zu zählen, meldete sich auf der Versammlung zu Wort. Er sprach länger, als man es je erlebt hatte: »Es ist wahr, Männer vom Weißdorn, daß Mulimir dem Arpad seine Tochter versprochen hat, und er wird sein Versprechen halten, sonst müssen wir Bruder Arpad das Recht auf Rache zusprechen. Nun hört — ich selbst habe dem Mulimir geraten, kein türkisches Geld, überhaupt kein Geld anzunehmen.«
Die Männer vom Weißdorn sahen sich an, ein Murmeln der Verwunderung lief durch ihre Reihen, aber sie wagten nicht, den alten Jekub zu unterbrechen — die Würde des Alters schien ihnen heilig. Jekub hatte die Augen geschlossen, die rechte Hand hatte den langen, weißen Bart gepackt, und er schien in Nachdenken zu versinken.
»Brüder«, fuhr er endlich fort, öffnete die Augen und richtete sich auf, »meine Brüder, ihr wißt selbst, daß wir mit Geld nichts mehr anfangen können bei dieser Teuerung. Wer kann aber von einem Vater verlangen, daß er seine Tochter umsonst hergibt?« — Wieder eine lange Pause, wie zuvor, wieder nachdenklich geschlossene Augen, dann sprach er weiter:

»Darum rate ich, daß Arpad und Mulimir sich vergleichen. Mulimir gibt Arpad seine Tochter, dafür hilft Arpad dem Stamm, das schlimmste Elend zu überwinden.«
Diesmal schloß er nicht die Augen, sondern blickte Arpad an, als erwarte er eine Antwort. Aber Arpads Zorn war noch zu frisch.
»Kannst du mir sagen, Jekub, warum ausgerechnet ich dem Stamm aus seinem Elend helfen soll? Drei Jahre war ich fort — warum seid ihr denn so verelendet? Warum habt ihr euch nicht selbst geholfen? Warum forderst du von mir, was ihr nicht geschafft habt?«
»Du weißt, daß kein Stamm in Kriegszeiten auf die Reise geht — es wäre sein Untergang.«
»Aber mich willst du auf die Straße schicken. Ich soll Brot und Kleider für den ganzen Stamm heranschaffen!«
»Ja — du hast in drei langen Jahren bewiesen, daß du als Einzelner dich durchzuschlagen verstehst, aber . . . weil du von der Straße sprichst: ich schicke dich nicht auf die Straße, ich schicke dich in den Wald. Du holst uns Fleisch, und für Fleisch können wir alles eintauschen, Korn und Tuch und Schuhe und . . . sogar Wein!«
»Ich soll also wildern?«
»Bis wir einen anderen Ausweg finden.«
»Und wenn der Krieg ewig dauert, was ist dann mit Rilana?«

Für den Treuebruch ihres Häuptlings hat auch Rilana kein Verständnis. Traurig hört sie das beifällige Murmeln der Stammesbrüder

Arpad bricht sofort wieder auf. Kein Wort spricht er mit Rilana, doch sie wartet im Lager des Weißdorn auf ihn

»Der vierte Hirsch, den du bringst, wird der Braten für deinen Hochzeitsschmaus. Habe ich deine Zustimmung, Mulimir?«
Der Häuptling nickte. Arpad stand da, wie vor den Kopf geschlagen. »Vier Hirsche, wie stellst du dir das vor? Erst einmal vier Hirsche aufspüren — dann schießen — dann herschaffen . . . und dabei nicht erwischen lassen. Es gibt keinen Menschen, der so etwas kann!«
Bei diesen Worten ging ein Schmunzeln über das faltige Gesicht des ältesten Vaters Jekub. Wieder strich seine Rechte den weißen Bart bis zum Gürtel hinunter: »Du kannst es, Arpad vom Weißdorn«, sagte er langsam, »du warst immer unser bester Schütze . . . und Rilana wartet auf dich.«
So kam es also, daß der Zigeuner Arpad sofort wieder aufbrechen mußte. Kein Wort hatte er mit seinem Mädchen sprechen dürfen. Er begab sich in die Uferwälder der Theiß und des Bodrog, wo es von Hochwild nur so wimmelte. Noch ahnte er nicht, was sich im nahen Landstädtchen Erdöz zusammenbraute. Er mied die Straßen und jede Ansiedlung. Mulimir hatte ihm das einzige Pferd mitgegeben, das der Stamm noch besaß. Mit ihm schlug er sich durch Wälder und Sümpfe — schon Tage später brachte er den ersten Hirsch ins Lager. »Was habe ich gesagt?« meinte schmunzelnd der alte Jekub, »Arpad vom Weißdorn, du schaffst es.«
Inzwischen wurde es in Erdöz von Tag zu Tag unruhiger. Die Bauern aus Tokaj hatten sich dorthin geflüchtet. Sie hetzten nun gegen Österreich und meinten, alle Welt müßte zu den Kuruzzen überlaufen.
Eigentlich hatte das Wort Kuruzz keinen

Generalmajor Rebschnetzer, der Sieger und Befreier vom Türkenjoch, trifft in Erdöz ein

schlechten Klang. Es bedeutet »Kreuzfahrer«. So hatten sich die ungarischen Kämpfer genannt, die mit den Österreichern gegen die Türken marschierten. Als dann die Türken vertrieben waren, wurde in Wien bestimmt, Ungarn allein habe die Kosten des Krieges zu tragen. Die Steuerschraube wurde angezogen, bedenkenlos wurden die Lebensmittel beschlagnahmt. Schon kurz nach Beginn der österreichischen Herrschaft ging es den Ungarn schlechter als in der Türkenzeit. Da drehten die Kuruzzen ihre Gewehre um und marschierten gegen Österreich. In Tokaj hatten die Bauern die kaiserlichen Steuereintreiber verjagt. Es fand ein fürchterliches Strafgericht statt, und seither trieben sich die überlebenden Männer von Tokaj durch das Land, plündernd und raubend und ständig von Soldaten gehetzt.
Kaum eine Woche hatten die Tokajer in Erdöz gehaust, da hieß es schon: Die Österreicher rücken an! Die Flucht ging weiter, aber vorher wollten die Tokajer Kuruzzen den Soldaten noch einen Streich spielen. Sie rückten ihnen entgegen und viele Bürger des Städtchens zogen mit. Ungefähr drei Meilen vor der Stadt, an einer Stelle, wo links und rechts von der Straße in einigem Abstand große Waldbestände liegen, pfiffen den anrückenden Soldaten plötzlich Kugeln um die Ohren. Generalmajor Rebschnetzer ließ sofort halten und die Feldschlangen in Stellung bringen. Dann donnerte und orgelte es zehn Minuten lang nach verschiedenen Seiten in die Wälder. »Fertigmachen zum Sturm!« befahl der General.
Vom Pferd überwachte er die Bildung der Schützenlinien, die von der Straße aus nach

---

Am fünften Tag seines Aufenthaltes in Erdöz reitet Generalmajor Rebschnetzer mit einem ortskundigen Jäger und seinen Leuten auf die Jagd ▶

beiden Seiten vorrückten — jetzt waren sie nahe genug. »Stürmen!« schrie der General. Mit donnerndem »Hurra!« rannten die Soldaten in die Wälder . . . kamen aber ein paar Minuten später mit verblüfften Gesichtern wieder heraus: Keine Spur vom Feind! Aber während sich der General mit einem Feind herumschlug, der nicht da war, preschten seine Leibjäger in Richtung Erdöz davon, gleich hinter ihnen die kaiserlichen Husaren. Die Husaren ritten durch bis zum Marktplatz und sicherten ihn. Die Jäger besetzten die Straße, die nach Erdöz hineinführte. Auf ihr sollte Generalmajor Rebschnetzer seinen Einzug halten. Sie gingen in jedes Haus, durchsuchten jeden Keller, jeden Dachboden und jedes Vorgärtchen, suchten nach Waffen, nach Aufständischen, nach einem Hinterhalt. Jedenfalls suchten sie auch die harmlosen Leute, die sich lieber in ihren Hütten versteckt hätten. Alle wurden sie auf die Straße getrieben. So konnte keiner von ihnen dem General aus einer Dachluke oder aus einem Kellerloch eine Kugel in den Kopf jagen.
Als er endlich einritt, der Sieger, der Befreier vom Türkenjoch, standen die Jäger hinter den Leuten von Erdöz und flüsterten: »Da kommt euer Befreier — jubelt ihm zu!« Aber weil die guten Leute so taten, als verständen sie kein Österreichisch, kriegten einige mit der blanken Klinge eins übergezogen, daß es nur so zischte. »Jubeln sollt ihr — lauter jubeln, verdammte Kuruzzen!« Da verstanden sie den Befehl schon etwas besser, und langsam kam ein müder Jubel auf: »Hoch General Rebschnetzer — hoch unser Befreier!«
Dort, wo der General vorbeiritt, benahmen sich seine Jäger recht manierlich. Denn der General war zwar ein harter Soldat, aber er wünschte keine Grausamkeit. Hätte er gewußt, daß seine Jäger die Leute mit Schlägen zum Jubeln zwangen, hätte es harte Strafen gesetzt. Er wünschte mit der ungarischen Bevölkerung in ein gutes, freundschaftliches Verhältnis zu kommen. Er meinte, jeder Ungar müsse ihm dankbar sein, weil er die Türken vertrieben hatte. Außerdem müsse jedermann einsehen, daß es in Kriegszeiten ohne Härten nicht geht. Rebschnetzer wollte belehren und überzeugen, im Augenblick allerdings schüttelte er nur verzweifelt den Kopf. »Hört Euch bloß diese Töne an, Oberleutnant Preller«, sagte er zu seinem Adjutanten, »die Leute glauben doch selbst nicht, was sie mir da zurufen. Nichts als scheinheiliges Getue! Am liebsten würden sie mich erschlagen.«
»Aber Herr Generalmajor . . . « begann entsetzt Oberleutnant Preller. Rebschnetzer unterbrach: »Wir sind es doch gewesen, die für dieses Volk gekämpft und geblutet haben. Warum laufen sie jetzt den Kuruzzen nach? Man muß die Leute belehren . . . man muß sie belehren . . . «,und immer noch kopfschüttelnd ritt er auf den Marktplatz von Erdöz zu.
Dort hatten die Husaren inzwischen das schönste Haus für ihn besetzt. Rebschnetzer zog ein,ohne zu fragen, wer bisher darin gewohnt hatte. »Es geht eben nicht ohne Härten«, das war seine Meinung, und da wunderte er sich, daß die Ungarn so träge Jubler waren.
Noch am Tage des Einmarsches wurden in Erdöz mehrere strenge Erlasse herausgegeben: Waffenbesitz war verboten — nach Eintritt

der Dunkelheit durfte kein Zivilist sein Haus verlassen — Versammlungen über drei Personen wurden gewaltsam zerstreut — Ablieferungspflicht für Lebensmittel und Brennmaterial wurde eingeführt, sofern die Vorräte den Bedarf einer Woche überstiegen — tägliche Meldepflicht für die vornehmsten Bürger von Erdöz . . . und da wunderte sich der General, daß die Österreicher nicht beliebt waren. Die Bürger von Erdöz nahmen die neuen Vorschriften zur Kenntnis und richteten sich danach. Überhaupt blieb es erstaunlich ruhig in der Stadt. Nachdem die Tokajer abgezogen waren, gab es keinen, der die recht friedlichen Bürger aufstachelte. Als es nun schon den vierten Tag keinen Zwischenfall gegeben hatte, dachte sich der General, er habe die Bürger von Erdöz doch wohl etwas zu hart angepackt. Es waren wohl allein die versprengten Tokajer gewesen, die ihn beschossen hatten. Jedenfalls wollte er in der Stadt, die zu seiner Garnison bestimmt war, nicht unnütz böses Blut machen.

Gefährlich schien es also auf den Straßen nicht mehr zu sein. Außerdem meinte Rebschnetzer, er hätte nach seinen großen Kriegstaten etwas Erholung verdient. Darum ritt er am fünften Tag seines Aufenthaltes in Erdöz auf die Jagd. Einen ortskundigen Jagdleiter hatte er sich kommen lassen. Dieser hatte ihm versprochen, er werde noch am gleichen Tag auf einen Sechzehnender zu Schuß kommen. Beim Aufbruch der Jagdgesellschaft begannen die Leibjäger wieder ihr makabres Spielchen mit der Bevölkerung: »Raus aus den Häusern — jubeln!« Die Leute kannten das jetzt schon und machten sich nichts mehr draus. Warum sollten sie sich verprügeln lassen? Da jubelt man eben und behält seine heile Haut. Es klang schon viel besser als beim erstenmal! Dann aber, als der General nahte, sah einer der Jäger, daß ganz vorn an der Straße ein

Der Generalmajor hält sein Pferd an, und die Leute von Erdöz blicken mißtrauisch zu ihm hoch

junger Kerl stand — achtzehn, zwanzig Jahre vielleicht — der ein Gesicht schnitt wie sieben Tage Regen und den Mund nicht aufmachte. »Heda, du Flegel, du sollst jubeln, hast du nicht gehört?« Aber der Flegel kriegte den Mund immer noch nicht auf. Gleich mußte Rebschnetzer vorbeireiten, und der würde dieses bissige Gesicht gewiß nicht übersehen. Dann würde er anhalten, mit dem jungen Kerl ein Gespräch beginnen, würde versuchen, ihn zu überzeugen, und es wäre wieder einmal eine jener lächerlichen Sermone fällig, für die Rebschnetzer in der ganzen Armee berüchtigt war.

Blank ziehen konnte der Jäger nicht mehr, dafür war der General schon zu nahe, aber zur Aufmunterung haute er dem frechen Burschen wenigstens seinen Degenknauf in die Rippen. Und da fuhr doch dieser Kerl herum und wollte einem kaiserlichen Soldaten an den Kragen! Ein geistesgegenwärtiger Bürger umarmte den Frechdachs und riß ihn zurück. »Nimm dich zusammen, Mann«, flüsterte er, »sonst bringen sie dich um!«

Schon hatte auch der General die Unruhe bemerkt. Er zügelte seinen weißen Renner. »Meldung!« forderte er knapp, und der Jäger nahm Haltung an. »Dieser Mann ist aufsässig geworden«, berichtete er, und Rebschnetzer fragte sofort: »Was hat er verbrochen?«

Da wurde es für den Jäger nun etwas schwierig. Sollte er dem Burschen irgendein Verbrechen anhängen, wo doch hier ein Dutzend Zeugen bestätigen konnte, daß er nichts getan hatte? Der Soldat begann zu stottern: »Er hat mich . . . er wollte . . . « da wandte sich der General an den jungen Mann und fragte: »Warum attackierst du einen kaiserlichen Soldaten?«

»Weil ich nicht gewöhnt bin, mich verprügeln zu lassen.«

Der General erstarrte. Er blickte den Soldaten an, musterte die Gesichter der umstehenden Leute und wußte, daß Österreich eine Schlacht verloren hatte. Nicht den Haß dieser Menschen wollte er herausfordern, er brauchte ihr Vertrauen und ihre Freundschaft, wenn die K. K. Monarchie einmal eine Einheit werden sollte. Ein Wink des Generals, der Jäger verschwand — mit ihm würde er sich später befassen. Jetzt ging es einzig darum, die Versammelten zu besänftigen. »Er wird gewiß Verständnis dafür haben«, sagte der General zu dem jungen Mann, »wenn mein Jäger in seinem Eifer für die gute Sache etwas zu weit gegangen ist.«

»Es ist seine Angelegenheit, an eine gute Sache zu glauben — es ist nicht seine Angelegenheit, diesen Glauben anderen aufzudrängen. Ich jubele nicht auf Kommando!« — Das war ein freier Ton. Die Leute von Erdöz halten den Atem an. Der General hat ein Gesicht aus Stein. Er könnte diese Laus zermalmen, aber seinem Land wäre damit wenig gedient. »Er wird nicht zweifeln, daß Österreich für die gute Sache kämpft. Der Türkenkrieg ist ein heiliger Krieg!«

»Den Ungarn zu bezahlen hat.«

»Das ist doch wohl das wenigste, wenn österreichische Soldaten für Ungarn bluten, daß Ungarn dafür . . . «

»Ungarische Soldaten haben ebenso geblutet.

Auf leisen Sohlen schleichen die Soldaten und Begleiter des Generalmajors zum Kohlenmeiler und umstellen das Gelände. Der Wilddieb kann nicht weit sein!

Tausende sind im Kampf gegen die Türken gefallen.«
»Warum kämpft ihr dann nicht weiter an unserer Seite, warum richtet Ungarn seine Waffen jetzt gegen Österreich?«
Der junge Mann zögerte. Hatte er nun doch Angst vor der eigenen Courage, oder wußte er keine Antwort mehr? »Hat Er nicht genug Mut, mir zu antworten?« fragte der General. Da richtete der Junge sich auf, blickte Rebschnetzer frech ins Gesicht und sagte: »Vielleicht kommt es daher, daß der Ungar zwischen dem türkischen Herrn und dem österreichischen Herrn keinen Unterschied erkennt.«
Oberleutnant Preller riß seinen Degen heraus. Diese Schmach sollte auf der Stelle mit Blut gesühnt werden. »Halt!« rief scharf der General, und Preller steckte den Degen wieder ein.
Der General schwieg lange. Was würde er unternehmen? Die Spannung der Umstehenden wuchs ins Unerträgliche, und Rebschnetzer heizte sie weiter an. Schließlich wandte er sich wieder dem jungen Burschen zu und sagte: »Junger Freund, ich liebe es, mit mutigen Männern ein offenes Gespräch zu führen — ich danke Ihm«, und ritt weiter. Diese Schlacht hatte Österreich nicht ganz verloren.
Die Jagdgesellschaft ritt in die Uferwälder der Theiß. War das ein Land! Wälder, Sümpfe, Seen. Ein Eichelhäher keckerte seine Warnung, ein Wiedehopf taumelte wie ein bunter Lappenbalg vom Baum auf die Wiese, Schwäne hoben mit klatschenden Flügeln und tappenden Füßen vom Wasser ab. Und hoch oben ein Adler, der wie eine Katze schrie . . .
Als Rebschnetzer ein Reh mit seinem Kitz auf einer Lichtung stehen sah, konnte er fast nicht widerstehen. Auch der feiste Eber, der seinen Pfad kreuzte, wäre eine lohnende Beute gewesen. Aber er bezwang seine Jagdlust. Der Jagdleiter hatte ihm edlere Beute versprochen, und wildes Herumknallen hätte den Sechzehnender nur verjagt.
Bei einem Kohlenmeiler ließen sie den Beutekarren zurück. Hier sollten auch die Leibjäger warten, denn der General wollte nur in Begleitung seines Adjutanten, des Jagdleiters und des Büchsenspanners weitergehen.
Zu viert, hintereinander, drangen sie tiefer in das Gebüsch. Eine Schwarzdrossel begann zu schimpfen. Der Jagdleiter hob die Hand, sie warteten, bis sich der Warner beruhigt hatte und fortgeflogen war. Da, ein Sumpfloch. Der Mann an der Spitze drehte sich um und deutete auf die gefährliche Stelle. Er warnte sie, sobald dürres Geäst im Weg lag. Ein knackender Zweig konnte das ganze Unternehmen gefährden. Gesprochen wurde längst nicht mehr.
Dann wieder ein Handzeichen: Sie waren am Ziel! Hinter einem grünen Schleier aus schütterem Gebüsch erkannten sie eine große Lichtung. Rebschnetzer streckte die rechte Hand aus, und der Adjutant reichte ihm das Fernrohr. Noch zwei Schritte trat der General vor, sah durch das Glas, suchte die Lichtung ab . . . und dann konnte er einen Ausruf kaum unterdrücken. Denn mitten auf der Lichtung stand ruhig äsend der Sechzehnender. Jetzt sahen ihn die Begleiter auch. Oberleutnant Preller nahm das Fernrohr wieder an sich. Der Büchsenspanner trat auf Zehenspitzen neben den General und rammte

»Es wird ein Exempel statuiert. Der Mann kommt mit in die Garnison!«

die Gewehrstütze in den Boden. Dann legte er das Gewehr auf — geladen und mit gespanntem Hahn. Man mußte nur noch visieren und abdrücken.
Rebschnetzer griff mit der rechten Hand nach dem Gewehrkolben, mit der linken packte er weiter oben den Schaft. Seine Wange legte sich an das Holz, er visierte über Kimme und Korn, glitt mit der rechten Hand am Kolben entlang bis zum Abzug, krümmte langsam durch —
Da krachte ein Schuß!
»Blattschuß!« jubelte der Büchsenspanner, denn im Nachhall des Schusses war der Hirsch zu Boden gestürzt. Der General reichte ihm das Gewehr zurück, musterte ihn dabei mit einem Blick, daß dem armen Kerl ein Gruseln am Rückgrat hinauflief.
Der General hatte nur gezielt, aber nicht abgedrückt. Der Schuß wurde jenseits der Lichtung abgefeuert.
Wieder die ausgestreckte Hand. Preller gab ihm das Fernrohr. Rebschnetzer suchte den jenseitigen Waldrand ab ... und dann sah er ihn: Erst den breitkrempigen, verbeulten Filz, dann die ausgebleichten, ausgebeulten Hosen, das rötliche, verwaschene Hemd, die Langschäfter ... und das rauchende Gewehr trug der Wilderer noch in der Hand.
»Umstellt das Gelände!«
Das war nur ein Flüstern, dennoch ein harter Befehl. Auf leisen Sohlen schlichen seine Begleiter zum Kohlenmeiler zurück. Dann rannte der General in die halbdunkle Köhlerhütte und hockte sich dort auf einen Schemel: elend, krank, als habe der Schuß des Wilddiebs ihn getroffen. Dem großen Jäger Rebschnetzer einen Sechzehnender vor der Nase wegzuschießen: Für dieses ungeheure Verbrechen ist keine Strafe hoch genug! Preller, der draußen nahe der offenen Türe stand und auf die Rückkehr der Jäger wartete, hörte

seinen hohen Herrn in der Hütte mit den Zähnen knirschen. Er verspürte etwas wie Mitleid — nicht mit dem geprellten General, sondern mit dem armen Teufel von Wilddieb, der dessen Zorn spüren würde.
Es war übrigens leicht, den Verbrecher einzufangen. Der Wilderer hatte anscheinend die Absicht, seine Beute an Ort und Stelle zu zerwirken. Als er sich ganz unvermittelt umstellt sah, leistete er nicht den geringsten Widerstand. Sie brachten ihn zur Hütte, und da wäre Oberleutnant Preller doch fast in Ohnmacht gefallen — denn der Kerl grinste! Dieser Unglücksrabe schien nichts von seinem Geschick zu ahnen.
»Sie bringen den Wilddieb«, meldete der Oberleutnant in die halbdunkle Hütte hinein, und der General schoß heraus wie ein Kettenhund aus dem Bau. »Wer bist du?« brüllte er den Wilddieb an, und als er nicht sofort antwortete,schrie er noch einmal: »Wer du bist, will ich wissen!« Mit seiner Stimme hätte er Bäume umlegen können. Aber den Wilddieb nicht. Denn nach kurzem Schweigen sagte der Wilddieb ruhig: »Verrat' mir erstmal, wer du bist, daß du hier so herumbrüllen darfst.«
Die nun folgende Stille dauerte erheblich länger. Man spürte, wie der General um Fassung rang. Es war nicht seine Art, sich in der Öffentlichkeit gehen zu lassen. Er wandte sich ab, ging ein paar Schritte, kehrte wieder um, und dann war seine Stimme so eisig, daß den Soldaten kalt wurde: »Es wird ein Exempel statuiert. Der Mann kommt mit in die Garnison!«

Zwei unterm Galgen

In der Garnison hatte unterdes ein fröhliches Treiben angefangen. Die Stadt war ruhig, die Bürger schienen friedlich, warum sollten die Herren Offiziere ihren Soldaten das Leben schwermachen? Sie hatten sich wacker geschlagen, jetzt sollten sie ihre Freude haben. Ein bißchen flanieren, den Landwein versuchen und vielleicht auch probieren, ob sich mit den ungarischen Mädchen anbandeln ließ. Der Wirt vom Gasthaus am Markt hatte ein paar Tische und Stühle ins Freie gestellt. Ein kleiner Trupp Dragoner saß beim Wein und würfelte. Da sagte plötzlich einer der Spieler: »Das ist doch wieder der Krautmüller, der verrückte Kanonier, der schon sechsmal im Gefängnis gesessen ist!« Seine Kameraden blickten hin, und da sahen sie einen Karren über den Marktplatz kommen — neben dem Karren der Kanonier Krautmüller mit einer langen Peitsche und als Zugtiere sechs brave Bürger von Erdöz. Der Krautmüller ließ den Männern seine Peitsche um die Ohren sausen, daß sie in eine Art Trab verfielen. Das allein — sollte der General je davon erfahren — würde den Kanonier zum siebtenmal ins Kaschott bringen. Was aber noch schlimmer war: Es war der Pulverkarren, den die Männer über den Marktplatz ziehen mußten, hochbeladen mit vollen Pulverfäßchen, und auf jedem Fäßchen in dicken, weißen Buchstaben die warnende Aufschrift »PULVER«.

»Jetzt ist er ganz übergeschnappt, der Krautmüller«, bemerkte einer der Dragoner, »kutschiert mit dem Pulver auf dem Markt herum als wärs ein Gemüsekarren. »Mit zunehmendem Unbehagen bemerkten die Soldaten, daß der Karren auf sie zu kam. Ganz nahe beim Gasthaus ließ der Kanonier halten, befahl seinen »Pferdchen« beim Karren zu warten und setzte sich an einen Gasthaustisch. »Herr Wirt, einen Becher Roten!«

»Sag uns einmal, Krautmüller«, fragte einer der Dragoner, nachdem der Kanonier seinen ersten, gewaltigen Schluck genommen hatte, »hast du denn bloß noch Stroh im Kopf?« Aber Krautmüller zeigte ein pfiffiges Grinsen. »Hat Kanonier Krautmüller nicht Stroh, hat er Grütze im Kopf, ist er kommandiert auf Pulverwache, aber hält er Pulverwache im Gasthaus. Kann er zechen und Pulver hüten zugleich.«

Die Dragoner sahen sich an, und der erste stand langsam auf. Nein, sie würden ihren Kameraden von der Artillerie nicht verpfeifen, aber sie wollten auch nicht dabeisein, wenn es hier Ärger gab. Krautmüller merkte

kaum, daß einer nach dem anderen verschwand. Er lächelte dumm in seinen Becher hinein, prostete seinen »Pferdchen« zu, die sich erschöpft auf die Deichsel gesetzt hatten und fand das Leben wunderschön. Und weil es um ihn herum so still geworden war, und weil der Krautmüller sowieso nicht zu den Wachen gehörte, schlief er nach dem dritten Becher selig lächelnd ein. Krautmüller konnte vielerlei zugleich tun: Zechen, Pulverwache halten und schlafen auch noch!
Am späten Nachmittag kehrte die Jagdgesellschaft zurück. Ein ungewöhnlicher Aufzug, der viele Neugierige anlockte: Inmitten seiner Leibjäger der General mit dem Adjutanten. Es folgte der Beutewagen mit dem erlegten Hirsch, gelenkt vom Büchsenspanner, neben dem der Jagdleiter Platz genommen hatte. Hinten am Beutewagen taumelte der Wilddieb, die Hände gefesselt. Um den Hals hatte er einen Strick, der am Karren festgebunden war. Wenn er nicht mit den Reitern Schritt hielt, würde ihn der Strick erdrosseln. Den Abschluß des Zuges bildeten vier Jäger.
Die Gruppe kam auf den Marktplatz. Als die ersten Reiter zum Hauptquartier rechts abbiegen wollten, rief der General ihnen zu: »Geradeaus zum Glockenstuhl — es wird in aller Öffentlichkeit ein Exempel statuiert!«
Das mußte jeder gesehen haben. Nicht nur die Leute von Erdöz rannten hinter dem Zug her, es sammelten sich auch die Soldaten, darunter die Dragoner aus dem Gasthaus, die doppeltes Unheil witterten. Und richtig, als der Beutewagen zum Gasthaus rumpelte, wachte der Kanonier Krautmüller auf, erkannte den General und machte vor Schreck in die Hosen.
»Was soll der Pulverkarren hier?«
Krautmüller sprang auf, nahm Haltung an und meldete: »Kanonier Krautpulver . . . Pulvermüller . . . auf Kraut . . . Pulverwache kommandiert.«
»Im Gasthaus?«
Der Kanonier wußte, daß es auf diese Frage keine Antwort gab. Er schwieg und wartete ergeben auf sein Urteil. »In den Stock!« sagte der General knapp, eine Minute später war Krautmüller samt Pulverkarren und »Pferdchen« vom Marktplatz verschwunden. Die Reiter saßen ab, der General setzte sich an einen der Tische und flüsterte seinem Adjutanten etwas zu. Dieser schrie mit lauter Stimme: »Bildet den Kordon!« Und mit großen Armbewegungen deutete er an, welche Form der Kordon haben sollte. Sämtliche Uniformen gerieten in Bewegung. Die Soldaten bildeten einen Kreis um den Glockenstuhl. Wer im Kreis war — die Bürger von Erdöz, die Pferde, der Beutewagen mit dem Wilderer — konnte nun nicht mehr hinaus. Genau in der Mitte saß der General und flüsterte mit Oberleutnant Preller. Nach einiger Zeit stand dieser auf und hielt eine Rede.
»Bürger von Erdöz«, begann der Oberleutnant, »es ist der Wille seiner Exzellenz, des Herrn Generalmajor Rebschnetzer, daß der gemeine Mann mehr Interesse am öffentlichen Leben habe und damit Verständnis gewinne für das Schalten und Walten der Obrigkeit. Bringt den Wilddieb her.«
Der Wilddieb wurde zum Glockengerüst gebracht, die Hände gefesselt, den Strick noch um den Hals. Ein Leibjäger des Generals warf den Strick über den Querbalken des Gerüsts

und zog ihn straff an. Das freie Ende band er unten fest. »Damit ihr nun erkennen lernt«, fuhr der Oberleutnant fort, »daß eure Oberen nicht willkürlich handeln und daß es im Krieg wie in der Politik und in der Rechtssprechung nicht ohne Härten abgeht, so werdet ihr selbst einmal die Rolle der Obrigkeit übernehmen. Dieser Wilddieb wurde von Seiner Exzellenz auf frischer Tat gestellt — ihr sollt über ihn zu Gericht sitzen.«
Eine schöne Rede, aber sie weckte bei den Leuten von Erdöz wenig Begeisterung. Im Gegenteil, es entstand eine Bewegung, als wolle sich jeder hinter dem anderen verstecken. »Wer will von euch den Richter machen?« fragte Preller, aber es meldete sich keiner. Da zeigte der Oberleutnant einfach auf den nächstbesten Mann, einen rotgesichtigen Bullen, der sicher nicht zu den Klügsten gehörte, denn er war ganz vorn stehengeblieben: »Du machst den Richter!«
»Aber ich bin kein Richter, Herr Offizier, ich bin Fleischermeister.«
»Das paßt ja besonders gut«, antwortete Preller ungerührt, »wer macht den Verteidiger?«
Auch die Verteidigung wollte keiner freiwillig übernehmen. Also bestimmte der Oberleutnant wieder den Nächstbesten. So ging es weiter. Wer macht den Schreiber? — Wer macht den Gerichtsdiener? — Wer will Beisitzer sein? — Nicht einer meldete sich freiwillig, darum wurden sie einfach bestimmt, und die Soldaten schoben die Ausgewählten nach vorn. Nur als Preller fragte: »Wer will der Henker sein?«, da meldete sich eine jugendliche Stimme: »Ich werde den Henker machen!«
Entsetzen! — Ein Mensch, der sich freiwillig als Henker meldet — was muß das für eine Bestie sein! Als der Bursche nach vorne kam, traten die Mitglieder des Gerichts etwas bei-

Der Wilddieb wird zum Glockengerüst gebracht. Die Hände sind gefesselt. Um den Hals hat er einen Strick

Entsetzlich! – Ein Mann, der sich freiwillig als Henker meldet!

seite. Nur der General schmunzelte, als er bemerkte, wer sich da vorgedrängt hatte: Es war der freche Geselle, mit dem er beim Ausritt sprach. Derselbe, der gesagt hatte, er erkenne zwischen den Türken und Österreichern keinen Unterschied. Jetzt stellte sich dieser junge Mann freiwillig in den Dienst der Gerechtigkeit und übernahm sogar das allerschwerste Amt. Die verständnisvollen Worte des Generals hatten ihn wohl zur Einsicht gebracht.

»Die Sitzung ist eröffnet«, rief der Adjutant, dann hörte man nichts mehr. Als die Stille etwas zu lange anhielt, begann der General auf dem Wirtshaustisch einen flotten Marsch zu trommeln. »Habt ihr Stöpsel in den Ohren?« rief Preller, »ich habe gesagt, die Sitzung ist eröffnet!«

Einer der Beisitzer murmelte: »Fangt doch endlich an, sonst machen sie uns alle fertig«, aber der Verteidiger, der neben ihm stand, knurrte: »Wieso denn ich, der Verteidiger kommt erst am Schluß. Der Richter muß eröffnen.« Aber der wollte es auf den Schreiber schieben, und der Schreiber fragte, wozu es denn einen Gerichtsdiener gäbe. Als der »Richter« merkte, daß es schließlich doch an ihm hängenbleiben würde, bequemte er sich zum Sprechen. Er wandte sich an den Wilddieb und fragte: »Also, was hast du verbrochen?«

»Halt, halt«, rief der Oberleutnant, »alles nach der Ordnung. Zuerst einmal die Personalien.«

Der Richter nickte. »Also, wie heißt du?«

»Arpad«, sagte der Wilddieb.

»Und weiter?«

»Weiter nichts.«

Der »Hohe Gerichtshof« schwieg. Anscheinend wollte dieser Verbrecher Schwierigkeiten machen, man mußte ihn schärfer anpacken. »Antworte jetzt wie ein vernünftiger

Mensch«, sagte einer der Beisitzer, »wir wollen deinen zweiten Namen wissen, verstehst du das nicht?«
»Aber ich habe nur den einen.«
»Jeder Mensch hat einen zweiten Namen. Bist du blöd,oder willst du uns ärgern? Wie heißen deine Verwandten?«
»Meine Verwandten? — Die heißen Jockele oder Schari oder Mulimir oder Kembal oder Zarka, wie es sich gerade trifft. Und ich heiße eben Arpad.«
»Wir wollen wissen, wie deine Familie heißt.«
»Wenn du den Stamm meinst — ich gehöre zu den Leuten, die ihre Toten unter dem Weißdorn begraben.«
»Was hast du verbrochen?« fragte der Richter wieder, und der Zigeuner Arpad antwortete: »Nichts!«
»Warum bist du dann hier?«
»Weil euer General auf meine Begleitung Wert legte.«
»Halt, halt«, rief der Oberleutnant Preller wieder, »zuerst die Zeugenvernehmung. Der Büchsenspanner war Zeuge des Verbrechens. Vorwärts, Büchsenspanner, sag' aus!« Der Büchsenspanner trat vor und begann: »Als Zeuge sage ich aus, daß Seine Exzellenz, der Herr General, auf den Hirsch abgehoben hatte, da krachte ein Schuß, und der Hirsch brach mit Blattschuß zusammen.«
Der Büchsenspanner hatte seine Aussage gemacht, aber wie sollte es weitergehen?
»Na los«, sagte der Verteidiger leise zum Richter, »frag' einfach die Beisitzer nach ihrer Meinung«, und der Richter fragte: »Was erhellt aus dieser Zeugenaussage?«
»Daß der Herr General ein großer Jäger ist«, sagte artig einer der Beisitzer. Da merkte der Büchsenspanner, daß er sich unklar ausgedrückt hatte, und er ergänzte: »Es war aber nicht der Herr General, der den Hirsch erlegt hatte, es war dieser Mann da«, und er deutete auf Arpad. Die Beisitzer kicherten. Rebschnetzer preßte die Lippen zusammen.
»Was erhellt aus der neuen Zeugenaussage?« fragte der Richter weiter.
»Daß der Zigeuner ein noch größerer Jäger ist als der General«, rief da eine jugendliche Stimme. Es war die Stimme des Henkers. Die Beisitzer konnten ihr Lachen nicht mehr unterdrücken, der General ballte die rechte Hand zur Faust, Preller aber sprang wütend auf und schrie: »Du hältst gefälligst deinen Mund. Der Henker hat im Gericht keine Stimme, kümmere dich um deinen Gefangenen. Die Sitzung geht weiter.«
Wie beschämt zog der junge Mann den Kopf ein und sah nach dem Gefangenen. Der blickte ihm spöttisch entgegen und meinte: »Du bist ja ein selten dummer Hund! Erst willst du dich hier als Henker wichtigmachen, und dann redest du dich beinahe selbst um Kopf und Kragen.«
»Und du bist ein Wilddieb! Schämst du dich nicht?«
»Nein.«
Der junge Mann sah empört aus. »Was sagst du da, du schämst dich deines Verbrechens nicht, obwohl du schon den Strick um den Hals hast?«
»Nein«, antwortete der Zigeuner Arpad, »ich bin ja nicht der einzige Wilddieb hier. Der Zigeuner wildert aus Hunger — der General aus Übermut.«
Im Gesicht des Henkers zuckte es. Er lächelte nicht, gewiß nicht, denn ein Henker ist

ein gestrenger Mann. Aber was sollte dieses Zucken bedeuten? Der Zigeuner konnte es nicht deuten. Der Henker drehte sich um und rief mit lauter Stimme: »Hohes Gericht, der Wilddieb hat eine Aussage gemacht.«
»Du solltest doch deinen Mund halten«, brüllte Preller, aber dann brummte einer der Beisitzer halblaut: »Vielleicht hat er ein Geständnis abgelegt. Dann könnten wir uns die ganze Untersuchung sparen.« Der Oberleutnant blickte auf den General. Der General nickte, und da nickte auch sein Adjutant, nach ihm nickte der Richter. »Was hat er für ein Geständnis abgelegt, ist er der Wilddieb?« Der Henker kam ein paar Schritte nach vorn. »Ja«, sagte er, »er ist ein Wilddieb, das hat er gestanden. Aber er hat auch erklärt, er sei nicht der einzige Wilddieb hier.«
»Dann soll er seine Komplizen nennen.«
»Das Wild, so hat er gesagt, gehöre dem Herrn dieses Landes, dem Fürsten Beketschy. Es gehört also weder dem Zigeuner noch gehört es dem General, und folglich sind sie beide Wilddiebe — der Zigeuner und der General!«
Was kaisertreu war auf dem Marktplatz, brach in einen Schrei der Empörung aus. Schon hatte Preller den Degen in der Faust, um die Schmach an Ort und Stelle zu rächen, aber sein General hielt ihn zurück. Er blieb ruhig sitzen und wartete ab, bis die Erregung abgeflaut war, dann nahm er selbst das Wort. »Junger Freund«, sagte er sanft, »Fürst Beketschy ist ein Rebell gegen die Staatsgewalt. Auf seiner Festung Jankatsch leistet er den kaiserlichen Truppen Widerstand. Darum hat ihn der Kaiser all seiner Ämter enthoben und seine Besitzungen konfisziert. Das konntest du nicht wissen, deshalb verzeihe ich dir das unbedachte Wort. Laßt weitermachen, Oberleutnant.«
Und die Verhandlung ging weiter. Der Henker trat wieder zu dem Gefangenen, und

Der Henker tritt zu dem Gefangenen und flüstert ihm etwas zu

wie er dessen grinsende Visage sah, drehte er sich um. »Das war wieder einmal ganz schön dämlich, was du denen da unter die Nase gerieben hast, sie werden dich auch noch umbringen«, sagte der Zigeuner Arpad zu seinem Henker, »aber es hat mir trotzdem Spaß gemacht. Ich glaube, du bist ganz anders als du tust.«
»Sage jetzt einmal keine Gedichte auf, Zigeuner, oder willst du unbedingt hängen?«
Der Zigeuner schwieg verblüfft, meinte dann aber melancholisch: »Wer baumelt schon gerne am Galgen?«
»Dann heul nicht, lahme Ente, sieh nach unten und beweg dich!«
Was das wohl bedeuten sollte? Der Zigeuner sah nach unten, und seine Augen wurden groß. Der Henker hielt seine Hände auf dem Rücken und umklammerte den Griff eines Dolches. Das war so unglaublich, so unvorstellbar, daß Arpad nicht verstehen wollte, bis der Henker noch einmal zischte: »Jetzt beweg dich endlich, Mann, die Verhandlung dauert nicht ewig.« Da führte der Zigeuner seine Handfesseln an die Klinge und spürte, daß sie fest stand wie in einem Schraubstock. Sekunden später waren die Fesseln zerschnitten. »Was jetzt«, murmelte der Zigeuner, »was hast du vor?«
»Such dir ein Pferd aus — links oder rechts?«
Der Zigeuner ließ sich Zeit, blickte prüfend nach links, nach rechts, und flüsterte dann: »Wenn du ihn nicht selbst haben willst, nehme ich den Renner vom General.«
»Also nach links. Dann reite ich nach rechts. Halte aber deine Fesseln noch in der Hand, und nimm den Strick erst ab, wenn der General anfängt zu brüllen.«
»Korporale brüllen«, sagte der Zigeuner, »Generäle brüllen nie, und dieser Rebschnetzer schon gar nicht. Der Teufel hat sich verdammt in der Gewalt.«
»Er wird brüllen, verlaß dich auf mich.«
»Eljen«, sagte der Zigeuner munter, »wenn du es schaffst, dann laß ihn mal ordentlich brüllen, unseren lieben General.«
Die Verhandlung ging weiter. Als nämlich der Zigeuner der Wilddieberei überführt war, und als außerdem nicht mehr zu leugnen war, daß er eine Waffe besessen hatte — beides todeswürdige Verbrechen, da ergriff als letzter der Verteidiger das Wort. Er gab zu bedenken, der Zigeuner habe vielleicht aus Not gehandelt, er habe einfach übermächtigen Hunger gehabt. Dann müsse man seinen vermeintlichen Frevel für Mundraub halten. Das »Hohe Gericht« mitsamt Beisitzern und Schöffen spendete lauten Beifall. Preller aber bemerkte auf der Stirn seines Herrn eine senkrechte Falte und fuhr den Bürgern von Erdöz in die Parade. Wer hungrig sei, führte er aus, der könne auf dem Acker eine Rübe ziehen oder einen Apfel vom Baum stehlen; in äußerster Not könne er betteln gehen, was einem Zigeuner ja leichtfallen müsse. Selbst wenn dieser Mensch einen Hasen in der Schlinge gefangen hätte, so könnte man das — obwohl gleichfalls ein Verbrechen — zur Not als Mundraub auslegen. Wer sich aber eigens ein Gewehr beschaffe und gleich den größten Hirsch im ganzen Revier erlege, der sei kein Mundräuber, sondern ein Räuber. »Und jetzt«, so schloß der Oberleutnant seine Belehrungen, »jetzt fällt ihr ein Urteil nach den Buchstaben des Gesetzes und nicht nach eurem eigenen Geschmack — es könnte sonst

Mit einem Ruck hat Arpad seine Fesseln abgeworfen und bringt sich mit einem federnden Sprung in die Freiheit

leicht als Beihilfe ausgelegt werden.«
Das war deutlich genug: Entweder eine Verurteilung, oder dem Gericht wird der Prozeß gemacht! Das »Hohe Gericht« hielt eine kurze Besprechung, dann verkündete der Fleischermeister mit bebender Stimme: »Es hat das Gericht befunden, daß der Zigeuner Arpad vom Weißdorn schuldig ist des Wilddiebstahls und des verbotenen Waffenbesitzes, und er soll zur Strafe solange an seinem Halse aufgehängt werden, bis der . . . «
In diesem Augenblick schrie der Henker: »Ich habe ihn nicht für schuldig befunden.«
»Du gehörst dem Gerichtshof nicht an, halt dich raus!«
»Ich werde trotzdem sprechen, denn ich weiß, daß der Zigeuner unschuldig ist. Der Jagdherr dieses Landes, Fürst Beketschy, hat ihm den Hirsch geschenkt.«
Der General mischte sich noch einmal persönlich ein: »Fürst Beketschy hat in Ungarn nichts mehr zu verschenken, denn der Kaiser von Österreich hat alle seine Güter konfisziert!«
»Und der Kaiser hat in Ungarn nichts zu konfiszieren. Damit ihr es alle wißt: Der Zigeuner ist unschuldig! Ich, Fürst Franz von Beketschy, schenke ihm den Hirsch!«
Da brüllte Rebschnetzer!
Aber was half ihm das noch? — Im allgemeinen Aufruhr war seine Stimme nicht mehr zu hören. Schon bei den letzten Worten des Fürsten hatte der Wilddieb Fesseln und Schlinge abgeworfen. Gleichzeitig mit seinem Befreier hatte ihn ein federnder Sprung in den Sattel gebracht, und wieder beide zugleich, jedoch in verschiedenen Richtungen, setzten sie über die Köpfe der aufschreienden und zurückweichenden Menge hinweg in die Freiheit. Ihr Hufschlag war schon verklungen, als die ersten Jäger zu ihren Pferden gelangten.

Das Pulverfaß

Aber sehr groß war der Vorsprung nicht. Arpad dachte nicht daran, der lumpigen Verfolger wegen das schöne Pferd abzuhetzen. Während der Fürst nach Nordwesten, in Richtung Burg Jankatsch davongesprengt war, ritt Arpad nach Süden — erst über das Kopfsteinpflaster einer engen Gasse, dann in den schon etwas ländlichen Randbezirk. Als er das Pflaster hinter sich hatte, so daß man nicht meilenweit das Klappern der Pferdehufe vernehmen konnte, bemerkte er eine Biegung des Weges, saß ab und zog seinen Renner in den nächsten Hof. Sorgfältig schloß er hinter sich das Tor. Und kaum war das geschehen, da rasten draußen schon die ersten Jäger vorbei. Es würde eine Weile dauern, bis sie ins freie Feld kommen und sehen könnten, daß er nicht mehr vor ihnen war.

Ein Mann stand im Hof, der sein Treiben mißtrauisch beobachtete. Arpad setzte sein Sonntagslächeln auf und ging auf ihn zu. »Schöner Gaul, Bauer, gut im Futter wie ein Dragonerpferd . . . und billig!«

Sehr groß ist der Vorsprung nicht. Arpad denkt nicht daran, das schöne Pferd zu hetzen

Der Bauer musterte zwar das Tier mit glitzernden Augen, aber er sagte: »Ich kauf' nix vom Roßtäuscher, und Gestohlenes schon gar nicht.« Arpad senkte den Kopf, nicht schuldbewußt, sondern wie in tiefer Trauer. »Gestohlen soll ich dich haben, mein Liebling, dabei habe ich dich fast mit eigenen Händen großgezogen. Hätte nie geglaubt, daß ich dich einmal fortgeben müßte. Du bist das Einzige, was ich aus meinem brennenden Besitz noch rett . . . « Er zögerte, sah den Bauern unsicher an und sagte: »Entschuldige Bauer, ich will dich nicht länger belästigen«, damit zog er sein Pferd in Richtung Straße.
»Warte doch«, sagte der Bauer, »brennender Besitz hast du gesagt?«
»Ich bin ja schon fort.«
»Tokaj?« fragte der Bauer weiter, »bist du einer von denen, die mit ihren Dreschflegeln nach Wien marschieren wollten, um den Kaiser zu verprügeln?«
»Verrat mich nicht, denk, du kämst in meine Lage . . . «
»Aber nun beruhige dich«, sagte der Bauer und musterte noch einmal das herrliche Pferd. Er wußte genau, daß er dieses edle Geschöpf nicht bezahlen konnte, aber wenn der Mann da wirklich ein Flüchtling aus Tokaj war, dann mußte er jedes Gebot annehmen und noch froh sein, daß er nicht verraten wurde. Sie wurden schnell einig, der Bauer zahlte, und der »Tokajer« versprach, den Hof sofort zu verlassen. Das tat er zwar, zögerte jedoch am Tor, spähte erst vorsichtig hinaus und fuhr zurück, weil draußen gerade jemand vorbeiging.
Ein Mädchen, stellte er gleich darauf beruhigt fest, das konnte ihm nicht gefährlich werden. Er wagte sich etwas weiter hinaus und zuckte wieder zurück. Denn hinter dem Mädchen kam ein Husar mit Silberlitzen, Verschnürungen, Knöpfen, Dolman und Fell-

Mit fünf Sätzen ist Arpad im Torweg und überwältigt den Straßenräuber

mütze, ein prächtiger Anblick, bloß im Augenblick nicht sehr erwünscht. Ein dritter Vorstoß nach draußen! Außer diesen beiden war niemand auf der Straße, also konnte er es wagen. Vorsichtig, noch von der Tornische gedeckt, schlich er hinter den beiden her. Da sah er, wie das Mädchen plötzlich zu laufen begann — der Husar hinterher. Der Husar holte es ein, drängte es in einen Torweg und . . . »Wart, Brüderchen«, sagte der Zigeuner Arpad vom Weißdorn, »so eine feine Montur wollte ich schon immer haben.« Mit fünf Sätzen hatte er den Torweg erreicht, sauste hinein, und dann hörte man es stampfen und krachen, als wollten zwei Stiere einander auf die Hörner nehmen.

Kurz darauf kam das Mädchen wieder auf die Straße — allein! Es rannte ein paar Schritte. Als es sich sicher fühlte, blieb es stehen. Wer war der Mann, der es von diesem uniformierten Straßenräuber befreit hatte? — Würde er wirklich allein mit dem bewaffneten Husaren fertig? — Oder vielleicht brauchte er Hilfe? Während das Mädchen unentschlossen dastand, kam der Husar aus dem Torweg. Schon wollte das Mädchen fortlaufen; es sah jedoch im letzten Augenblick, daß der Mann nicht der Husar war. Es war der andere, der Mann, der ihr geholfen hatte, nur trug er jetzt die Uniform des Husaren. Die Fellmütze schief auf dem Kopf, den Dolman flott über die linke Schulter gehängt,kam er näher. »Keine Angst, schönes Kind, dein Kavalier schläft sich im Stroh ein bißchen aus«, packte mit der Linken den Degen an, legte den Zeigefinger der rechten Hand grüßend an die Mütze und war schon weg. Mit offenem Mund sah ihm das Mädchen nach.

Auch der Fürst hatte sich auf seiner Flucht nicht übereilt. Der Weg, der nach Nordwesten aus der Stadt führte, war in elendem Zustand. Links die Umfassungsmauer eines großen Lagerplatzes, rechts niedrige Hausdächer, mit der Längsseite zur Straße, fest aneinander gebaut. Dazwischen aber ein von Karrenspuren und Regenbächen zerwühlter Weg, der fast einem Sturzacker glich. Stellenweise ragten noch die Reste eines früheren Pflasters als Stolpersteine hervor. »Bloß hier nicht stürzen und das Pferd verlieren«, sagte sich von Beketschy, »lieber die Verfolger ein bißchen heranlassen und dann draußen im freien Gelände zulegen.«

Das wäre sicher gutgegangen, denn auf seine Reitkünste hatte sich der Fürst noch immer verlassen können. Hatte er erst diesen Jammerweg hinter sich, der auch noch kräftig bergan führte, dann war er gerettet!

Aber dann geschah, was niemand voraussehen konnte: Plötzlich war vorne der Weg versperrt. Ein Trupp Füsiliere kehrte von einer Geländeübung zurück. Noch konnten diese Soldaten nicht wissen, was sich in der Stadt abgespielt hatte, aber wenn die Jäger erst . . . Richtig, da ging es schon los: »Aufhalten — aufhalten — aufhalten!« schrien die Jäger hinter ihm, und die Füsiliere vor ihm sperrten sofort die Straße.

Aus!

Fürst von Beketschy hielt seinen Klepper an. Was konnte er noch tun, da er als einzige Waffe nur den kurzen Dolch mit sich führte, mit dem er die Fesseln des Zigeuners zerschnitten hatte. Selbst wenn sich die Soldaten scheuten, hier in der engen Gasse zu schießen, konnte er doch gegen ihre langen Degen

nichts ausrichten. Also ergeben!
Aber er handelte plötzlich ganz anders. Ob er überhaupt überlegt hatte, was er da tat? Jedenfalls stand er mit einem Sprung aufrecht im Sattel, und mit einem kleinen Schritt gelangte er auf das nächste Hausdach. Da kroch er bis zum First hoch, und dann — einen Fuß links, einen rechts von der Firstlinie — ging er, sorgfältig das Gleichgewicht wahrend, weiter. Wieder stadteinwärts, denn in der anderen Richtung hörte die Häuserzeile bald auf. Was daraus werden sollte, wußte er selbst nicht, aber Franz von Beketschy, der Herr auf Jankatsch, würde sich nicht ergeben, solange es noch einen Schimmer Hoffnung gab.
»Seltsam«, dachte er bei sich, als er jetzt unter sich die etwas ratlosen Jäger sah, »seltsam, daß sie nicht auf mich schießen, ich bin doch hier eine Zielscheibe wie auf dem Schützenfest.«
Aber die Leibjäger des Generals nahmen die gute Gelegenheit nicht wahr. Gewiß hatten sie Befehl, die kostbare Geisel lebend einzubringen. Einen ungarischen Magnaten fängt man nicht alle Tage. Es läßt sich besser es mit ihm anfangen als totschießen!
Ein paar Soldaten hatten hinter ihm ein Dach bestiegen, um ihm zu folgen. Das Dach brach unter ihnen zusammen. Für einen so regen Personenverkehr waren die alten Dächer nicht mehr fest genug. Unten in der abschüssigen Straße blieben die Reiter immer auf seiner Höhe.
Dann gelangte er zum Markt, und nun wurde es umständlich, denn die Häuser am Marktplatz waren durchweg ein Stockwerk höher als die alte Häuserzeile. Es gab eine ziemliche Kletterei, aber er schaffte es. Als er sich wieder zum Dachfirst hinaufgearbeitet hatte, bot sich ihm ein wundervoller Blick. Ein schönes Städtchen, dieses Erdöz mitten in der Pußta, zu schade, daß es da unten von österreichischen Uniformen

Der Blick auf die geliebte Pußta vermittelt wehmütige Gedanken

wimmelte. Ein paar Minuten genoß der Fürst den Anblick der Pußta, dann mußte er wieder an sein Fortkommen denken ... und gleichzeitig einsehen, daß er nicht mehr weit kommen würde. Denn die Häuser standen mit ihren Giebeln zum Marktplatz gerichtet. Wollte er von einem Dach auf das nächste, so mußte er erst hinunter in die Traufe, dann wieder hinauf zum nächsten Dachfirst, wieder hinunter und so fort, eine sinnlose Strapaze! Nachdenklich blickte er sich um. Rechterhand das Gasthaus, da könnte man sich im Dachboden vielleicht noch eine Weile versteckt halten. Aber zwischen dem Haus, auf dem er jetzt stand, und dem Gasthaus führte ja die Straße zur Stadt hinaus, auf der er geflohen war. Die konnte kein Mensch überspringen. Vor ihm die Linde, zu weit weg, um hinüberzuspringen, außerdem würde man ihn da schnell herunterholen. Etwas links das Glockengerüst, zu niedrig und in keiner Weise ein Schutz für ihn. Weiter links die Kirche — die Kirche!

Er stand wie gebannt und starrte zur Kirche hinüber. Denn sie stand frei auf dem Platz, mit keinem der Bürgerhäuser zusammengebaut. Nur an einer Stelle gab es zwischen Kirche und Häusern einen schmalen Durchgang.

Mühsam arbeitete er sich zu dem Dach vor, das der Kirche am nächsten war. Er kletterte wieder auf den First und balancierte vor bis zur Giebelfront. Kaum war er da angekommen, hatte man ihn vom Marktplatz aus bemerkt, und ein donnernder Hochruf brauste zu ihm herauf. Das nützte ihm aber wenig, denn die braven Leute da unten konnten ihm nicht helfen. Es tat ihm trotzdem wohl, daß sie den Österreichern zeigten, wem ihre Sympathie gehörte. Man drängte sich in dem schmalen Durchgang zwischen Kirche und Haus, man winkte ihm zu, rief aufmunternde Worte . . . und dann ein Aufschrei! Denn hoch über den Köpfen der Neugierigen war ein Mensch durch die Luft geflogen.

Der Fürst hatte den Sprung gewagt, aber er rutschte auf den moosigen Schindeln ab, fing sich in der Traufe am Schneefanggitter, kletterte auf Händen und Füßen zum Dachreiter hinauf und wartete. Ewig würde er sich auf dem Kirchendach wohl auch nicht halten können, aber vorläufig ging es weiter.

Auf dem Marktplatz übernahm ein Major von Niederreuther das Kommando. Er war Kommandeur der Dragoner, ein großer Schreier, Haudegen und Eisenfresser, den man immer dort einsetzte, wo es brenzelte. Als er Beketschy auf dem Kirchendach sah, war für ihn der Fall schon erledigt. Er kam näher, und mit seiner Kanonenstimme, die alles ringsum übertönte, donnerte er: »Komm runter, Mann, sonst geht es dir schlecht!«

»Komm rauf, Mann, wenn du mehr kannst als Maulaufreißen«, rief von Beketschy nach unten. Da befahl Niederreuther kurz: »Leitern her — und ein Kommando durch die Dachgauben!« Es sollte sich doch bloß keiner einbilden, der könnte mit den Männern vom Drachenwimpel seinen Spott treiben!

Die Dachluken mußten erst erweitert werden, bevor ein Mensch hindurchkriechen konnte. Die Männer mit den Leitern waren schneller auf dem Dach und schoben sich gegen den Dachreiter vor, der dem Fürsten immer noch als Stütze und Rückhalt diente. Während sie hinaufkletterten, konnten sich die Dragoner nicht ihrer Säbel bedienen, und Beketschy schubste die ersten mit ein paar Fußtritten wieder nach unten. Ein paar fielen bei dieser Gelegenheit gleich vom Dach. Das Ganze wirkte anfangs wie ein lustiges Spiel. Dann krochen sie aus den Dachluken heraus, und nun hätte der Fürst an allen Seiten des Dachreiters zur gleichen Zeit sein müssen.

In diesem Augenblick schlenderte ein Husar auf den Marktplatz, der nicht zu wissen schien, welch weltbewegende Dinge sich dort abspielten. »Was soll der Lärm, Kamerad?« fragte er den nächsten Soldaten, und der erklärte bereitwillig: »Den Beketschy haben sie geschnappt, oben auf dem Kirchdach steht er. Wird bald ausgezappelt haben, wenn ihn der Niederreuther in die Zange nimmt.«

Neugierig ging der Husar auf die Kirche zu, sah, daß inzwischen Soldaten aller Waffengattungen wetteiferten, das Dach zu besteigen — um hinunterzufallen. Vorsichtig musterte der Husar seine Umgebung. Kein Mensch beachtete ihn, alle waren durch die Vorgänge auf dem Kirchendach gefesselt. Da zog der Husar seinen Degen, faßte ihn mit beiden Händen, mit der Rechten den Knauf, mit der Linken die Spitze und bog ihn durch wie einen Bogen — noch weiter, bis die Klinge fast Kreisform angenommen hatte. Dann schnellte er ihn ab.

Als der Degen mit lautem Klack in den Dachreiter einschlug, dachte der Fürst sekundenlang: »Jetzt schießen sie doch noch, die Hunde!« Dann sah er die nachzitternde Klinge, überlegte nicht lange, woher dieses Himmelsgeschenk kam, riß den Degen aus dem Holz und machte einen Ausfall — erst nach links, dann nach rechts, sprang auf die andere Seite des Dachreiters und wiederholte dasselbe Manöver. Als ihn die Soldaten auf so wunderbare Weise bewaffnet sahen, wie der kalte Stahl ihre Haut ritzte, sie aber zur Gegenwehr unfähig waren, da purzelten sie vom Dach, wie reife Pflaumen vom Baum. Der Major von Niederreuther konnte sich anfangs nicht erklären, warum es plötzlich Soldaten regnete. Sogar von seinen Dragonern waren welche darunter. Ein Dragoner fällt nicht vom Kirchendach! So was gehört sich nicht! »Kerls, seid ihr denn stockbesoffen?!« donnert der Major, aber da sieht er Blut am Hals eines Soldaten. Er blickt nach oben und findet erst keine Worte, dann aber gibt es ein fürchterliches Gebrüll: »Wer hat dem Verbrecher eine Waffe zugesteckt?«

Im Augenblick ist die Frage nicht leicht zu klären, doch verspricht der Major mit der Stimme eines Scharfrichters, er werde diesen Mann herausfinden und dafür sorgen, daß er den Rest seines Lebens in Traurigkeit verbringe.

Er muß sich jedoch damit abfinden, daß der Mann da oben auf dem Dach noch lange nicht gefangen ist. Mit einem Degen kann er anscheinend umgehen, und er wird wohl noch einige Schwierigkeiten machen. Bis er endlich vor Erschöpfung umkippt, können Stunden vergehen.

Nachdem Major Niederreuther noch eine Zeitlang herumgedonnert hatte, kam ihm endlich der große Gedanke:

»Herunter vom Dach«, rief er seinen wakkeren Dachhasen zu, und als der letzte Soldat wieder festen Boden unter den Füßen hatte, befahl er: »Feuer an die Kirche!«

Das hörten sie nicht.

Generalmajor Rebschnetzer betont es immer wieder: Der Krieg hat eben seine Härten

Und wer es doch hörte, der wollte es nicht gehört haben.
Denn »Feuer an die Kirche« klingt nicht wie ein militärischer Befehl.
Es ist sicher nichts Besonderes, wenn im Krieg einmal die eine oder andere Kirche brennt. Der Krieg hat eben seine Härten. Generalmajor Rebschnetzer betonte es immer wieder: Und wenn mal irgendwo eine ganze Stadt abbrennt — was soll's, da brennt die Kirche eben mit ab.
Aber das ist etwas ganz anderes, als wenn man Feuer an die Kirche legt, vorsätzlich und planmäßig Feuer an eine Kirche legt.
Einige versuchen, sich aus der Nähe des Majors wegzuschleichen. Als er jedoch den Widerstand spürt, fängt er an zu rasen. Er läßt die ganze uniformierte Bande antreten, alle, auch die nicht zu seiner Truppe gehören, und während sie sich rangieren, droht er ihnen, sie in Scheiben zu schneiden und an seine Jagdhunde zu verfüttern. Einen Leutnant mit Schreibzeug hat er auch gleich bei der Hand. »Wie heißt du?« fragt er jeden einzelnen, und der Leutnant schreibt die Namen auf. Er schreibt dazu, welchen Auftrag der betreffende Soldat erhält. »Du holst Stroh — du besorgst Feuerzeug — du schaffst Brennholz heran . . .« Und als er genug Befehle ausgegeben hat, dürfen sie wegtreten. Drei Minuten gibt er ihnen Zeit, dann will er Taten sehen.
Da half nun keine christliche Gesinnung mehr . . .
Niederreuther hatte es jetzt schriftlich, und wer den Gehorsam verweigern wollte, der sollte auch die Folgen tragen.
Der Mann auf dem Dach hatte sich zu einer willkommenen Verschnaufpause gesetzt und den blanken Degen etwas vorgestreckt. Was da unten eigentlich vorging, warum es plötzlich so still war, und warum die Soldaten

Die Erdözer Bürger haben alle Hände voll zu tun, das Übergreifen des Feuers zu verhüten

hin und her liefen, das konnte er sich nicht erklären. Als dann aber zu gleicher Zeit an allen Seiten der Kirche Rauch aufstieg, wußte er, was gespielt wurde. Er sprang auf, sah, wie Niederreuther triumphierend zu ihm hinauflachte, und rief: »Das dürft Ihr nicht tun, Major, Ihr könnt die Kirche nicht abbrennen!«
»Dich werde ich fragen, was ich darf.«
»Versteht Ihr denn nicht, Major . . .«
»Ich verstehe sehr gut, daß du kein Rauchfleisch magst. Aber weil du dich nicht freiwillig stellst, muß ich dich eben ausräuchern.«
»Laßt die Feuer ausmachen, dann komm' ich runter.«
»Komm erst herunter.«
»Laßt Ihr dann löschen?«
»Wir sprechen uns erst, wenn du vor mir stehst.«
Der Fürst stand eine Weile ratlos da. Verloren war er so oder so, weil er sich auf einem Dach nicht ewig halten konnte. Ging er gleich nach unten, dann war die sinnlose Brandstiftung vielleicht noch zu verhindern — dann war vielleicht die ganze Stadt zu retten. Denn wer konnte schon wissen, ob das Feuer nicht auf andere Häuser übergreifen würde.
»Major, ich komme herunter.«
Der Fürst rutschte auf den Schindeln hinab, packte das Schneefanggitter, ließ sich hinunterbaumeln und sprang. Unten trat er auf den Major zu und reichte ihm seine Waffe. Der Major gab die Waffe an seinen Leutnant weiter: »Festhalten als Beweisstück.«
Ein Husar, der neugierig dabeistand, griff an seine leere Degenscheide und zog die Mütze etwas tiefer ins Gesicht, und Sekunden später stolperte er über die Füße eines anderen Husaren. »Entschuldige, Kamerad«, sagte er höflich, während der andere knurrte: »Bist wohl besoffen, wie?« Weiter schien dem »Kameraden« der Zwischenfall aber nicht

beachtenswert: Er wußte noch nicht, daß sein Degen jetzt in einer fremden Degenscheide steckte.
»Wollt Ihr denn das Feuer nicht löschen?« fragte der Gefangene des Majors. Der Major verzog nicht einmal das Gesicht. »Die Fragen werden jetzt nur noch von uns gestellt«, und er gab einen Wink, den Fürsten abzuführen.
»Ihr habt es mir versprochen«, rief der Gefangene zurück, und Niederreuther antwortete mit einem höhnischen Gelächter: »Ich muß mich doch bei den Leuten dafür bedanken, daß sie einem Rebellen zugejubelt haben!« —
Die Kirche brannte ab bis auf das Fundament aus Feldsteinen. Es war Gnade genug, daß die Erdözer Bürger das Übergreifen des Feuers auf andere Häuser verhüten durften. Denn von diesem Greuel, so hoffte der Major, würden die Leute noch lange reden. Er bildete sich ein, neben dem brutalen Niederreuther würden sie den lächerlichen Niederreuther vergessen.
Was sich anschließend auf dem Marktplatz abspielte, war große Politik. Da stand ein Mann, der von sich behauptete, einer der ersten Familien des Landes anzugehören. War er wirklich dieser Fürst Franz von Beketschy, wie er sagte, dann war er der Herr auf Jankatsch. Jankatsch war das letzte ungarische

„Die Fragen werden jetzt nur noch von uns gestellt", erklärt der Generalmajor und gibt einen Wink, den Gefangenen abzuführen

Widerstandsnest gegen Österreich. Dann war er nach österreichischer Auffassung ein Hoch- und Landesverräter.
War er jedoch nicht dieser Fürst, sondern ein gewöhnlicher Hochstapler, dann würde man ihn sich erst recht genau ansehen müssen. Denn mit solcher Hochstapelei war gewiß eine Absicht verbunden. Wahrscheinlich war er dann ein türkischer Spion.
Man würde die Wahrheit herausfinden. Weil der General in der ersten Verhandlung öffentlich bloßgestellt worden war, sollte zu seiner Rechtfertigung auch die zweite Verhandlung in aller Öffentlichkeit stattfinden. Diesmal aber hatte man sich vor Überraschungen gesichert. Die Bürger standen nicht im Kreis der Soldaten, sondern außerhalb. Sie würden auch nicht den Gerichtshof bilden, denn es handelte sich nicht um so läppische Sachen wie Wildern oder verbotenen Waffenbesitz. Vorsichtshalber waren die Pferde vom Gerichtsplatz entfernt worden. Nur der Beutewagen mit dem Hirsch stand noch herum, denn als sich die Ereignisse überschlugen, hatte keiner Zeit gefunden, sich darum zu kümmern.
Im Hintergrund prasselte noch die brennende Kirche. Niederreuther hatte Wert darauf gelegt, alle Soldaten, die bei der Kirche dabeigewesen waren, auch auf dem Marktplatz zu versammeln. Als erstes befahl Oberleutnant Preller laut: »Den Degen — zieht!«
Die Soldaten im Kordon zogen ihre Degen und hielten sie schräg vor sich hin, die Spitze zur Erde gerichtet. Nur ein Husar fiel aus der Rolle. Er stand ganz locker da, setzte die Degenspitze auf den Boden und stützte sich noch darauf. Preller ging von Mann zu Mann im ganzen Kreis herum, und als er bei dem Husaren angekommen war, bellte er: »Kerl, wie hält Er denn seinen Degen?!« Der Kerl schielte blitzschnell nach links und rechts, sah,

Der Angeklagte wird vorgeführt. Man hat ihm die Hände gefesselt und bewacht ihn scharf

wie seine Kameraden ihre Degen hielten und machte es ihnen nach. »Immer diese Husaren!« brummte der Oberleutnant, dann ging er weiter.
Prellers Husaren-Haß war leicht zu erklären. Es waren vorwiegend Ungarn, die als Husaren in der kaiserlichen Armee dienten; Ungarn, die ihr Diensteid nun zwang, gegen die eigenen Landsleute zu kämpfen. Sie zeigten im Kuruzzenkrieg wenig Kampfeswillen und wurden deshalb mit Mißtrauen beobachtet. Es war dem Oberleutnant also sehr recht, daß auch der Verräter, nach dem er gerade forschte, ein Husar war. Der stand verlegen da, zeigte seine leere Degenscheide vor und konnte sich nicht vorstellen, wo sein Degen geblieben war. »Name?«
»Husar Honold. Aber ich hatte meinen Degen gerade . . . «
»Husar Honold ohne Degen«, rief der Adjutant seinem General zu, und der antwortete ohne Zögern: »Kriegsgericht, zuerst einmal in den Stock!« Dann brummte auch er: »Immer diese Husaren!« denn er zweifelte nicht daran, daß Husar Honold dem Fürsten seinen Degen zugespielt hatte.
»Degen an — Ort!« befahl der Oberleutnant, und mit hörbarem Zischen fuhren alle Degen wieder in die Scheiden. Dann eröffnete der General die Sitzung. Zunächst wurde der Delinquent vorgeführt. Man hatte ihm die Hände gefesselt, und Rebschnetzer befahl zusätzlich: »Bindet ihm auch die Füße, er ist vorhin gar zu flink gewesen!«
»Ich protestiere«, sagte der Fürst, »als regierender Herr kann ich nur von einem Standesgericht oder vom Obersten Gerichtshof in Wien abgeurteilt werden.«
»Du bist also ein regierender Herr, kannst du mir das beweisen?«
»Ja, indem ich mir zunächst einmal Manieren ausbitte. Wie kommt ein kleiner österreichischer

Keiner will glauben, daß dieser Landstreicher der Fürst von Beketschy ist

General dazu, einen ungarischen Fürsten zu duzen?«
Der General fuhr zusammen, sein Schnurrbart bebte. »Legt ihm auch noch die Schlinge um den Hals«, befahl er, »und zieht schön an, genau wie bei seinem Bruder, dem Zigeuner«. Erst nachdem dieser Befehl ausgeführt war, antwortete der General: »Verzeiht, ich gedachte in Eurem eigenen Interesse die Verhandlung etwas gemütlicher zu gestalten, aber ganz wie Ihr wollt. Und nun meine erste Frage: Jankatsch ist von unseren Truppen eingeschlossen. Wie seid Ihr durch die Absperrungen gekommen?«
»Ich habe mich auf die Faulheit und die Unaufmerksamkeit der österreichischen Soldaten verlassen.«
Noch einmal dieses auffällige Beben im Schnurrbart des Generals. Durch die Reihen der Soldaten ging ein unwilliges Raunen: Nicht genug, daß sich dieser Geselle arrogant benahm und ihren General beleidigte, jetzt kränkte er auch noch den einfachen Soldaten. »Wenn wir den noch einmal in die Mangel nehmen könnten«, denken die Soldaten, »diesmal käme er nicht so billig weg!«
Nur ein einziger Soldat regte sich über die Frechheit des Gefangenen nicht auf. Es war der Husar, der nicht gewußt hatte, wie ein ordentlicher Soldat beim Waffenappell seinen Degen hält. Anscheinend interessierte ihn das ganze Palaver nicht. Denn während die übrigen mit wachsendem Zorn den Antworten des Gefangenen lauschten, hatte er sich suchend umgeblickt, hatte hinter sich das »Gasthaus am Markt« entdeckt und daneben die Scheune mit weit geöffnetem Tor.
Während sich seine Kameraden aufregten und nur noch Augen für die Vorgänge am Gerichtsplatz hatten, ging er langsam, Schrittchen für Schrittchen, auf die Scheune zu — rückwärts für den Fall, daß sie doch

Durch die Reihen der Soldaten geht ein unwilliges Raunen. Nicht genug, daß der Gefangene den General beleidigt. Auch die Soldaten beschimpft er

Arpad setzt das Fäßchen mit brennender Lunte auf die Rutsche. Der Fürst entdeckt es sofort und erkennt die Gefahr

noch auf ihn aufmerksam werden sollten. Dann war er mit einem Sprung in der Dunkelheit verschwunden.
Zunächst einmal versuchte er, Einzelheiten zu erkennen. Irgendwo hinten gackerte ein Huhn. Er ging hin, jagte es vom Nest, stach eines seiner Eier mit der Degenspitze an und trank — wollte trinken, denn sofort spuckte er aus und feuerte das angebrütete Ei in eine Ecke.
Eine ausgetrocknete Kalkpfanne schimmerte weiß aus der Dunkelheit. Er nahm ein Stück Kalk in die Hand, machte spielerisch einen dicken weißen Strich an die Bretterwand und warf den Kalk dem Ei hinterher. Das waren alles Dinge, die er nicht brauchen konnte.
Aber was suchte er denn eigentlich? — Wußte er es selbst?
Krempel, nichts als Krempel, verrottetes Werkzeug, leere Kisten, Säcke, ein paar Fässer, Sensen, Dreschflegel, Mehlsiebe . . . Eine Holzstiege führte auf den Boden hinauf. Er ging nach oben und vor bis zum Ladetor. Von dort war der ganze Platz zu überblicken.
Am Ladetor lehnte außen noch die Rutsche, mit deren Hilfe man früher Mehl- und Kornsäcke verladen hatte — früher, als es in Ungarn noch genug volle Mehl- und Kornsäcke gab.
Unten ging die Verhandlung weiter. »Wenn Ihr also aus Jankatsch kommt«, hörte der falsche Husar den Major, »dann werdet Ihr mir sagen können, wie stark die Besatzung der Burg ist.«
»Das könnte ich, aber Ihr glaubt mir ja nichts. Geht nach Jankatsch und zählt selbst nach.«
Der falsche Husar wackelte bedenklich mit dem Kopf. »Nur nicht so grob, mein Fürst«, murmelte er, »Arpad braucht Zeit, einen Ausweg zu finden. Nur nicht so ausfallend, sonst hängst du schon, bevor Arpad etwas Hübsches eingefallen ist.« Nachdenklich

Volle Deckung! Bloß weg hier! Die Soldaten rennen, und die Zivilisten laufen hinterher

kletterte Arpad die Stiege hinab, betrachtete den Krempel, grübelte, trat ärgerlich gegen ein Mehlsieb, daß es krachend an die Wand flog, trat gegen ein Fäßchen, gegen einen Mehlkübel, gegen die Kalkpfanne, die ihm beinahe den Fuß verstaucht hätte, ging wieder zu dem Fäßchen, blickte es sinnend an, hob es auf, betrachtete es von allen Seiten, und dann . . .
Dann tastete er fieberhaft die Uniform ab. In der linken oberen Tasche verwahrt der Soldat sein Feuerzeug: Stein, Stahl und Schwamm — so steht es im militärischen Reglement. Ein falscher Husar konnte das natürlich nicht wissen — aber er konnte es finden. Und Arpad fand es. Er nahm das Fäßchen unter den Arm, tastete nach einem großen Kalkbrocken, suchte in der Gegend des Hühnernestes eine Handvoll Stroh zusammen und stieg wieder nach oben. In der Nähe des Ladetores hockte er sich nieder und begann zu malen. Mit dem Kalk malte er etwas auf das kleine Faß, das wie Buchstaben aussah — aber woher sollte der Zigeuner Arpad Buchstaben kennen? Immerhin hatte er vor kurzem den Streit um den Pulverkarren erlebt, hatte die Pulverfässer gesehen, von denen jedes eine große, weiße Aufschrift trug. Was sollte anderes darauf gestanden haben als das Wort »PULVER«?
Und so malte er das Wort »PULVER« so gut, wie ein Analphabet es eben kann. Dann drehte er aus Stroh eine Lunte, steckte sie in das Loch am Kopf des Fasses und begann Feuer zu schlagen. Draußen hörte er Rebschnetzer sagen: »Ihr seid also nicht in der Lage zu beweisen, daß Ihr Fürst Beketschy seid. Jeder Landstreicher und jeder Hochstapler kann sich als Beketschy ausgeben, um unter einem vornehmen Mäntelchen zu reisen. Das ist besonders die Art der türkischen Spione. Als solchen werden wir Euch behandeln.«
»Das könnte Euch so passen. Ihr bringt mich

irrtümlich um die Ecke und seid mich los — und mit mir den letzten ungarischen Widerstand. General, so billig dürft Ihr . . . «
»Nein, nein, nein,« sagte Arpad leise, »nicht so grob gegen den hohen Herrn, ich bin noch nicht soweit«, und er blies auf den Schwamm, der endlich Feuer gefangen hatte. Ein blaues Flämmchen züngelte auf. Arpad hielt es ans Stroh, die Lunte knisterte, flackerte . . .
»So, kleines Faß, jetzt geh auf die Reise und sag dem General, daß Arpad vom Weißdorn die idiotische Gerichtsverhandlung verbietet!« Er setzte das Fäßchen mit brennender Lunte auf die Sackrutsche, gab ihm noch einen Stoß, blickte ihm nach, »machs gut, kleines Faß«, sagte er, als spreche er mit einem lebenden Wesen.
»Ihr habt Euch verbeten, von mir geduzt zu werden«, rief eben erregt der General, »Ihr werdet Euch aber nicht verbitten können, daß wir Euch hängen! Hängt ihn!«
Der Fürst stemmte sich gegen die Fesseln. »Kaiserlicher Marodeur, ich fordere standesgemäßes . . . « Dann verstummte er. Es war, als seien seine letzten Worte an Atemnot verröchelt. Mit weit aufgerissenen Augen starrte er auf etwas, das sich hinter dem General befinden mußte, starrte an diesem vorbei, als sei er gar nicht mehr wichtig. Dem General sagte seine Menschenkenntnis, daß hier nicht Theater gespielt wurde. Verwundert schaute er hinter sich, und dann konnte keiner mehr sagen, was eigentlich vorging . . .
Ein Pulverfaß rollte mit brennender Lunte auf den General zu. Der war schon auf den Beinen; in derselben Sekunde hatten zehn, zwanzig Soldaten die Gefahr erkannt. Volle Deckung! Bloß weg hier! Die Soldaten rannten, die Zivilisten hinterher, es verging keine halbe Minute, da war der Marktplatz leergefegt . . .
. . . und mit einer fröhlichen Rauchfahne

In einer Minute ist der Marktplatz leergefegt. Nur eine Rauchwolke bleibt zurück!

hinter sich rollte das Pulverfaß bis vor die Füße des Verurteilten, der als einziger nicht hatte flüchten können. Verzweifelt blickte der Fürst auf das Faß: Aufgehängt zu werden von einem verfolgungswahnsinnigen General, ist ja auch nicht gerade das Höchste, aber auf einem Pulverfaß gen Himmel fahren!
Ist dies nun die Tat eines Irren oder eines übermütigen Jungen? Welchen Sinn könnte ein vernünftiger Mensch schon darin finden, ein Pulverfaß mit brennender Lunte in eine Ansammlung von Menschen rollen zu lassen? Der Rauch des brennenden Strohs steigt ihm unangenehm in die Nase. Er hüpft einen Schritt näher, um dem Faß mit den gefesselten Füßen einen Stoß zu geben . . . und dabei sieht er das Pulverfaß zum erstenmal genauer an. Fast in derselben Sekunde verändern sich seine angespannten Gesichtszüge, denn er hat die seltsame Schrift gesehen . . .
. . . und dann sieht er ihn auch schon kommen, den Wilddieb, den Streuner, diesen Zigeuner, der wieder grinst, daß die Mundwinkel fast die Ohren berühren. Zwar trägt er jetzt die schmucke Uniform eines kaiserlichen Husaren, aber er nähert sich mit dem unverkennbaren, ausgreifenden Schritt des Landfahrers. »Brav gemacht, kleines Faß«, sagt der Zigeuner, als er das stinkende Fäßchen mit dem Fuß beiseite schiebt und die Fesseln zerschneidet, und »brav gemacht, Arpad vom Weißdorn«, sagt der Fürst, »aber jetzt wird es Zeit!«

Auf der Flucht

Gewiß, es wurde Zeit, aber als von Beketschy den ersten Schritt tun wollte, fiel er um. Er zog die Stiefel aus, massierte die blutleeren Füße und sagte: »Mach, daß du fortkommst, sobald ich ordentlich laufen kann, versuch ich's auch!«
Der Zigeuner ging weg. Aber rannte nicht wie auf der Flucht, er ging auch nicht sehr weit. Er trat an den Beutewagen, klopfte dem Gaul ermunternd auf den Hals, schwang sich auf den Bock, löste die Blockierung der Räder und rief: »Hüüüü, Pferdchen, zeig mal was du kannst!« Der Wagen setzte sich in Bewegung. »Mein Fürst, die Kutsche ist vorgefahren«, sagte Arpad mit einer großen Geste.
»Bist du verrückt? — Auf diesem Polterwagen willst du flüchten? — In fünf Minuten holen sie uns ein!«
»Besser schlecht gefahren als hier noch eine halbe Stunde Gelenke massiert.«
Das leuchtete ein. Mühsam erkletterte Beketschy den Bock. »Hüüü!« rief der Zigeuner wieder und griff nach der Peitsche, »hü, mein Pferdchen, du hast die Ehre,einen hohen Herrn zu kutschieren. Blamier mich nicht.« Und das Pferdchen tat, was es konnte. Nach Nordwesten rasselte der Karren; dahin, wo die Häuser des Marktplatzes am weitesten entfernt standen. Denn vor dem Pulverfäßchen hatten sich die Soldaten hinter die nächsten Häuser geflüchtet. Das war die Straße, die der Fürst für seinen ersten Fluchtversuch gewählt hatte, und sie war inzwischen nicht besser geworden. Der ganze Karren wurde durchgerüttelt, das Pferd wurde auf dem ansteigenden Weg langsamer, es sah alles wenig hoffnungsvoll aus. Einmal mußten ja die Österreicher merken, daß sie auf einen Bluff hereingefallen waren. Dann würde es ihnen ein Leichtes sein, auf schnellen Pferden den langsamen Karren einzuholen.
Der Fürst grübelte nach einem Ausweg. Wenn man sich wenigstens verstecken könnte! — Er schaute sich um: Links die hohe Mauer des Lagerplatzes, rechts die Häuserzeile, auf deren Dächern er vorhin spazierenging . . . und als er suchend auch nach hinten blickte, sah er den Hirsch. Dieses Riesenvieh auf einer verzweifelten Flucht mitzuschleppen, das war das Letzte! Der Zigeuner schien wirklich nicht ganz klar im Kopf zu sein. »Schmeißen wir doch wenigstens diesen schweren Hirsch vom Karren«, sagte von Beketschy, »dann kommen wir doppelt so schnell voran.«
»Den Hirsch brauch' ich«, sagte der Zigeuner Arpad.
»Wozu brauchst du diesen Fleischkloß?«
»Zum Heiraten.«

»Einen Hirsch willst du heiraten? Einen toten Hirsch?«
»Nein, ich will Rilana heiraten, aber dazu brauche ich den Hirsch. Rilana ist teurer geworden, alles ist teurer geworden. Die Menschen, die Kriege machen, sollten sich doch einmal überlegen . . . «
Dem Fürsten ging die Zigeunerphilosophie auf die Nerven. »Ich weiß zwar nicht, wer Rilana ist«, sagte er, »aber ich weiß, daß wir sofort den Hirsch runterwerfen, sonst sehen wir die Sonne nicht mehr untergehen.«
Aber der Zigeuner schüttelte den Kopf. »Mein Fürst«, sagte er bescheiden, »mein Fürst, du bist ein Trottel. Nur ein Trottel kann diesem General einen Hirsch hinwerfen, der ihm nicht zusteht. Das Biest gehört mir, verstehst du das nicht? Erstens habe ich es selbst erlegt, und zweitens hast du es mir geschenkt.« Und während der Fürst diese irren Worte, die sein Todesurteil bedeuten konnten, noch zu schlucken versuchte, machte der Zigeuner »brrrr, Pferdchen, brrr!«
Anhalten auch noch, wo jeden Augenblick die Österreicher hinter ihnen auftauchen konnten. Ergeben schloß der Fürst die Augen, riß sie aber gleich wieder ganz weit auf, als er aus den Geräuschen schließen mußte, daß der Zigeuner absitzen wollte.
Der Karren hielt an einer Stelle, wo linkerhand die Umfassungsmauer des Lagerplatzes etwas zurücktrat, um die Anfahrt zu einem schweren Eisentor zu erleichtern. Dahinter lag militärisches Gelände, denn seitlich der Zufahrt war der Stock aufgestellt, darin eingeklemmt der Kanonier Krautmüller, der im Gasthaus Pulverwache halten wollte, und der Husar Honold, der seinen Degen verloren hatte. Bei diesem Anblick konnte der Fürst dem Zigeuner eine gewisse Achtung nicht versagen. Ihn selbst hatte dieser Mann aus einer hoffnungslosen Lage befreit, und jetzt, da ihm das Wasser selbst bis zum Halse stand, wollte er anscheinend auch diese armen Teufel befreien.
Aber der Zigeuner dachte nicht daran. Er sah die mit Hals, Händen und Beinen eingeklemmten Soldaten nicht einmal an, sondern ging an das Eisentor und hämmerte mit der Faust dagegen. »Willst du denn die beiden nicht losmachen?« rief ihm der Fürst nach.
Aber der Zigeuner schüttelte den Kopf: »Wenn sie desertieren, wird ihre Bestrafung noch größer.«
Und wieder hämmerte er gegen das Tor, brüllte dazu: »Heda, ihr lahmen Knochen, ein Fäßchen für den Stab des Generals — aber mit Beeilung, sonst gibts Zunder!«
Hinter dem Tor rührte es sich. Ein Flügel wurde aufgestoßen, und Sekunden später hielt der falsche Husar Arpad wieder ein Fäßchen im Arm, auf dem in breiten weißen Lettern das Wort PULVER geschrieben stand. Diesmal aber ordentlich geschrieben.
Auf dem Marktplatz von Erdöz hatte neues Leben begonnen: Weil die Detonation des Pulverfasses gar so lange auf sich warten ließ, hatte Preller schließlich einen beherzten Mann zur Erkundung vorgeschickt. Der Mann hatte sich in Deckung des Glockengerüstes vorgearbeitet, vorsichtig dahinter hervorgespickt und gesehen, daß der Rest der Lunte aus dem

---

Generalmajor Rebschnetzer hat soeben die Meldung erhalten, daß das Pulverfaß leer ist ▶

Spundloch gefallen war und nur noch ein bißchen schwelte. Das hatte ihm Mut gemacht. Mit einer schnellen Bewegung rollte er das Faß von der gefährlichen Glut fort und merkte dabei: Das Pulverfaß war leer!
Meldung an Oberleutnant Preller. Preller meldete weiter an den General, und als dieser am Tatort stand und die Schrift sah, die keine war, genauso wie das Pulverfaß keines war, da zuckte es wie ein Blitz durch sein Gehirn: »Das hier hat ein Analphabet geschrieben ... der Zigeuner!«
Plötzlich ist alles klar, auch, warum der Wagen mit dem Hirsch fehlt. Hat doch dieser dumme Zigeuner nicht auf seine Jagdbeute verzichten wollen! Na warte, Kerlchen, das wird dein Untergang sein. »Aufsitzen lassen«, befahl der General, »weit können sie nicht gekommen sein!«
Wahrhaftig, weit waren sie nicht gekommen, und Franz von Beketschy hatte Zweifel, daß sie überhaupt noch einen Schritt weiterkommen würden. »Was ist nun, Zigeuner, wollen wir nicht doch noch das Letzte versuchen?«
»Gewiß, Fürst, aber es ist noch zu früh.«
»Es ist zu spät, und es wird immer später!«
»Sei nicht dumm, Fürst, wenn wir jetzt losfahren, kommen wir nicht weit.«
»Und wenn wir nicht losfahren, kommen wir dann weiter?«
»Vielleicht.«
Beketschy griff sich an den Kopf. »Ich fahre ohne dich los«, rief er in äußerster Verzweiflung, aber der Zigeuner antwortete ruhig: »Das glaub' ich dir nicht.«
Er hatte das Spundloch des Fäßchens geöffnet, aus einem Dach eine Strohpuppe herausgerissen und drehte diese soeben in das Spundloch hinein. Dann trat er etwas zurück, holte aus der linken oberen Tasche Stahl, Stein und Schwamm und begann Feuer zu machen. Der Funke sprang über, der Schwamm begann zu rauchen, Arpad blies in die Glut, und jetzt dämmerte dem Fürsten, daß er hier dasselbe Spiel aufführen wollte, wie auf dem Marktplatz.
Spannende Minuten. Der Fürst hätte vor Erregung schreien können, doch der Zigeuner schwenkte nur gelassen den Schwamm hin und her, um ihn brennend zu halten.
Dann hörten sie Hufschläge.
»Das sind sie,« rief der Fürst fiebernd.
»Immer mit der Ruhe, Fürst, nur nichts übereilen.«
Noch einmal blies er auf die Glut, das Flämmchen züngelte auf — die Verfolger kamen um die Biegung. »Noch zu früh«, meinte der Zigeuner fast träge. Erst als die Verfolger den Karren gesehen hatten und zulegten, hielt er den Schwamm ans Stroh. »Mach's gut, kleines Faß, und grüß'unseren lieben General von Arpad,dem Weißdornmann.« Er gab dem Fäßchen einen Stoß, sprang auf den Bock und rief übermütig: »Geh los, alter Klepper, zeig was du kannst!«
Beim Anblick des Beutewagens waren die Verfolger in begeisterte Rufe ausgebrochen: »Gleich haben wir sie — weit sind sie nicht gekommen!« Sie bemerkten, daß der Wagen wieder anzog, aber das sollte den beiden wenig nützen! Und im Weiterreiten sahen sie dann auch das rauchende Pulverfäßchen auf sich zurollen. Wieder dieser dumme Zigeunertrick. »Aber diesmal fallen wir nicht darauf herein. Vorwärts, Kameraden!«

Das Pulverfäßchen explodiert, und die Splitter fliegen bis nach Erdöz

Als sie bei dem Fäßchen waren, machte das Fäßchen »wummm!«
Und als ihnen die Splitter um die Ohren flogen, dämmerte den kaiserlichen Soldaten, daß der dumme Zigeuner gar so dumm wohl nicht sein konnte.
Kurz hinter Erdöz bogen sie von der großen Straße ab. Dort würde es bald von streifenden Soldaten wimmeln, die das ganze Gebiet nach ihnen absuchten, aber auf straßenfernen Schleichwegen, die dem Zigeuner wohlbekannt waren, gab es einige Aussicht, lebend durchzukommen.

Was waren das aber für Wege! — Die Karrenräder sackten in Löcher oder mahlten im Sand. Immer wieder mußte einer vom Wagen und anschieben, um dem müden Gaul auf die Sprünge zu helfen. Anfangs sprang in solchen Fällen immer der Zigeuner ein. Der Fürst war wohl gar zu sehr daran gewöhnt, sich bedienen zu lassen. Als es dann einmal gar nicht weitergehen wollte und Beketschy notgedrungen zupackte, da wurde ihm klar, welche Strapaze der Zigeuner da wortlos auf sich genommen hatte. Seitdem lösten sie sich ab. Es war ein seltsames Gespann: Ein Fürst auf einem Bauernkarren — ein Zigeuner in Husarenuniform — jeder verdankte dem anderen sein Leben, aber sie wußten nichts voneinander. Eine Frage quälte den Zigeuner besonders: der Fürst mußte einen Trick haben, einen Trick, den der Zigeuner noch nicht kannte. Nach langem Zögern brachte er seine Frage an, dieselbe Frage, die auch der General gestellt hatte: »Wie bist du auf Jankatsch durch die Absperrung gekommen?«
Beketschy schmunzelte. »Es gibt unterhalb der Burg einen See«, erklärte er, »und im Burghof gibt es einen Brunnen. Hast du verstanden?«
»Wie lang ist der unterirdische Kanal?«
»Höchstens sechzig bis siebzig Meter.«

»Respekt!« sagte der Zigeuner, dann fragte der Fürst: »Wieso brauchst du zum Heiraten einen Hirsch?« — Da berichtete der Zigeuner von seiner Reise in die Türkei, von den mühsam gesparten fünfzig Gurusch und davon, daß es in seinem Stamm nicht mehr um Geld gehe, sondern um das Nötigste, das heute mit Geld kaum noch zu haben sei. Der Fürst sah ihn nachdenklich an. »Fünfzig Gurusch«, murmelte er, »für ganze fünfzig Gurusch muß ein Mensch drei Jahre arbeiten.« Er konnte sich derart ärmliche Verhältnisse einfach nicht vorstellen. Weil sie aber von Geld gesprochen hatten, wurde der Zigeuner plötzlich zappelig, wühlte in den Taschen seiner Uniform, griff an den Gürtel, und dann stieß er einen Fluch aus. »Fehlt dir etwas?« fragte der Fürst verwundert.

»Das darfst du laut sagen, daß mir etwas fehlt. Mein ganzes Geld ist weg!«

»Die fünfzig Gurusch?«

»Blödsinn, was fang ich mit Gurusch an! Aber die zehn blanken Glockentaler für den Renner des Generals. Ich hab' sie in der Hosentasche.«

»Na also, hol sie heraus.«

»In meiner Hosentasche, Mann, aber meine Hose trägt jetzt ein österreichischer Husar — so ein schönes Stück Geld!«

Beketschy konnte sein Lachen nicht mehr unterdrücken. »Wenn das deine ganze Sorge ist, die zehn Glockentaler will ich dir gerne ersetzen, ich schulde dir mehr«. Aber der Zigeuner sah ihn an wie eine kranke Kuh. »Ach, du willst sie mir ersetzen. Dann gib sie her, jetzt auf der Stelle«, und er sah den anderen so sonderbar an, daß sich dieser fragte, ob ein Mensch, selbst wenn er bloß Zigeuner ist, so habsüchtig sein dürfe. »Mir haben sie alles abgenommen«, murmelte er verlegen, »aber ich gebe dir das Geld, sobald wir nach Jankatsch kommen — du kommst doch mit?«

»Ich muß in die Wälder zurück — Hirsche schießen, denn ich will heiraten. Und was die zehn Glockentaler angeht, die kannst du behalten.«

»Ich denke, du willst sie sofort.«

»Sofort, ja, denn jetzt brauchen wir sie. Wir werden noch lange unterwegs sein mit diesem Elendskarren und auf diesen Dreckswegen; du zu deiner Burg und ich zum Lager meines Stammes, um ein Gewehr zu holen. Kannst du mir sagen, wovon wir leben sollen? Die Bauern auf den Dörfern hier haben selbst nicht zuviel. Umsonst gibt dir keiner auch nur eine Brotkruste.«

Das war es also! Der Fürst hatte sich nie im Leben um das Essen zu sorgen brauchen, aber jetzt, als der Zigeuner davon sprach, spürte er Hunger wie nie zuvor. Wann hatte er denn die letzte Mahlzeit zu sich genommen? Eine Kleinigkeit heute früh im Gasthaus, und jetzt wurde es schon dunkel. »Das ist allerdings . . .

. . . entschuldige, ich dachte, du wärst so verrückt nach dem Geld. Was sollen wir denn jetzt anfangen?«

»Gar so schlimm ist es nun auch wieder nicht«, meinte tröstend der Zigeuner. Wir wollen hier lagern, und dann will ich mich nach etwas Eßbarem umsehen.«

Sie spannten den Gaul aus und machten ein kleines Feuer, dann ging der Zigeuner fort. Nach kurzer Zeit kam er zurück. »Ein Leckerbissen, Fürst«, sagte er strahlend und zeigte in seinem Hut einen fetten Igel. »Was hast du damit vor?« fragte Beketschy, obwohl der

Zigeuner es schon gesagt hatte. »Essen? — einen Igel?« Er schüttelte sich und spürte ein Gruseln im Rücken. Brrr! Er war nicht zu überzeugen, daß Igelbraten besser sei als Gans oder Hirsch. Weil der Fürst nicht zu überzeugen war, gab Arpad das Tierchen wieder frei. »Aber dich wollte ich nicht hindern, Igelbraten zu essen«, bemerkte der Fürst. Da mußte der Zigeuner lachen. »Das wäre allerdings eine Niedertracht, wenn ich ein Gelage abhalten wollte, und dir steigt der Bratenduft in die Nase. Du würdest verrückt.«
Nachher saßen sie am Lagerfeuer, und von Beketschy meinte nachdenklich: »Ungarn beginnt aufzuwachen, jetzt nimmt sogar schon ein Zigeuner am Freiheitskampf teil. Aber da fuhr der Zigeuner auf: »Meinst du mich, Fürst, das ist doch der letzte Quatsch, den ich jemals gehört habe. Ich sorge bloß, daß der Weißdorn nicht verhungert. Wofür soll ich denn kämpfen?«
»Für die Freiheit!«
»Steck dir doch deine Freiheit an den Hut! Was geht sie uns an? Uns kann es doch gleichgültig sein, wer uns verprügelt, der Ungar oder der Türk — verprügelt werden wir immer.«
»Aber es ist doch nicht das . . . «
»Habe ich recht, Fürst? Sag, ob ich recht habe.«
Der Fürst senkte den Blick. »Früher habe ich nie daran gedacht, aber du hast recht, Zigeuner.«
Dann krochen sie zum Schlafen unter den Wagen, und während der feine Herr noch überlegte, ob er wohl richtig schlafen werde — zum erstenmal im Freien und ohne Bettzeug — war er schon eingeschlafen.
Am nächsten Tag tauschte von Beketschy in einem Bauernhof ein Brabanter Tuch gegen einen Kanten Brot und einen Krug

50 Gurusch bedeuten für Arpad drei Jahre harte Arbeit; so ärmliche Verhältnisse kann sich der Fürst kaum vorstellen

Milch. Sie wurden satt und fühlten sich wohl. Als sie auf ihrem Karren durch die Pußta zuckelten, sagte der Fürst melancholisch: »Morgen werde ich dann wohl mein Hemd eintauschen, übermorgen die Hose und so fort. Wenn ich nach Jankatsch komme, bin ich nackt.«
»Tut mir leid, Fürst, aber ein Husar in unvollständiger Uniform, das fiele sofort auf.«
»Du sollst ja auch nicht deine Uniform eintauschen. Ich überlege nur, wie es weitergehen soll«, und er hing trüben Gedanken nach. Dann hatte er die Lösung: »Arpad, gestern wolltest du uns einen Igel braten. Kannst du mir sagen, warum du uns keinen Hirschbraten gemacht hast? Das Biest liegt doch immer noch hinten im Wagen und wird uns nur lästig.«
Angesichts solcher Unvernunft fand der Weißdornmann kaum eine Antwort. »Hab' ich dir nicht gesagt, daß ich ihn für den Brautkauf brauche?« sagte er schließlich. Soll ich mit einem angefressenen Hirsch ins Lager kommen und mich zum Gespött des Stammes machen?«
»Bis du im Lager bist, wird dein Hirsch schon stinken.«
»Er wird gerade richtig abgehangen sein. Heute früh habe ich ihn zerwirkt und mit frischhaltenden Kräutern gefüllt.«
»Du kannst jederzeit einen neuen Hirsch erlegen.«
»Und noch länger auf Rilana warten? Für zwei Hirsche habe ich mehr als einen Monat gebraucht. Ich will aber in diesem Sommer noch heiraten.« Beketschy schwieg bei solcher Unvernunft und grollte vor sich hin. So mahlten sie durch den Sand der Pußta. Als dann ein paar Häuser in Sicht kamen, sagte der Zigeuner: »Fürst, ich bin Siebwirker und Kesselflicker. Für mich findet sich in diesen einsamen Gehöften immer etwas zu tun, aber es ist natürlich unmöglich . . .«
»Was ist unmöglich? Irgendwas muß geschehen!« unterbrach ihn der Fürst.
». . . unmöglich, daß ein kaiserlicher Soldat auf den Höfen um Arbeit bittet.«
Das hatte getroffen! Franz von Beketschy antwortete nicht. In sich gekehrt hockte er auf dem Kutschbock. Was in ihm vorging, konnte der Zigeuner sich denken. Ein ungarischer Fürst sollte als Kesselflicker über die Dörfer ziehen. So etwas hatte es wohl noch nie auf dieser Erde gegeben. Da war er nun ausgezogen, um für seine Burg Jankatsch Verstärkung zu suchen, aber der ungarische Adel hatte ihn nicht einmal empfangen. Keiner wollte von seinem Kampf gegen Österreich etwas hören — keiner wollte es mit Wien verderben. Es schien ihnen gleichgültig zu sein, daß die Menschen hungerten und das Land verkam. Dann traf er unterm Galgen diesen Zigeuner, der später so treu zu ihm gehalten hatte, als er selbst vor dem Henker stand. Und dieser Mann wollte ihn nun zum Kesselflicker machen, bloß weil der sture Bock von seinem Hochzeitsbraten keinen Bissen abgeben wollte.
Aber hatte dieser Kerl, der über das heilige Wort Freiheit nur lachen konnte, eine Sekunde gezögert, sein Leben für den Mann zu riskieren, dem er sich verpflichtet fühlte? Er griff nach Arpads Zügelhand. »Gut mein Freund, ich hole die Arbeit zusammen, und du führst sie aus.«
Arpads hageres Streunergesicht wurde breit.

»Mann, Fürst, wenn ich im Weißdorn erzähle, daß ich mit einem leibhaftigen Fürsten befreundet bin . . .«
Dann wies er den Kesselflicker Fürst Franz von Beketschy in seine neue Tätigkeit ein. Nicht nur Arbeit zusammenholen mußte er, es war auch Werkzeug zu beschaffen und Flickmaterial. Dazu mußte er den zugkräftigen Werbespruch der Kesselflicker lernen: »Rattefallemausefallesivvupläh — rattefallemausefallesivvupläh!«
Er übte lange den schwierigen Ruf, aber es saß ihm ein Kloß im Hals, als er ihn im Dorf zum erstenmal ausschreien sollte. Er versuchte es mit dem zweiten Spruch, den ihn Arpad noch gelehrt hatte. Und der ging ihm leichter vom Mund:

»Siebe, Pfannen, Kessel,
Schwingen, Kannen, Sessel,
Habt ihr es kaputt gemacht,
wird von mir instand gebracht.«

Hochbepackt kam er schon nach einer Stunde zum Karren zurück; etwas Werkzeug und altes Blech hatte er auch mitgebracht. Die Arbeit konnte beginnen.
So logen sie sich fern der großen Straßen durch die Pußta, und als sie nahe der Gemarkung von Jankatsch wieder die Straße erreichten, war es höchste Zeit: der Hirsch verlangte nach baldiger Zubereitung. Hier

Arpad und Beketschy überlegen, wie sie an etwas Eßbares kommen. Sie entschließen sich, als Kesselflicker ihr Brot zu verdienen

oben waren keine Streifen, die nach ihnen suchten, zu erwarten. Denn hier führten die Belagerer von Jankatsch das Wort, und mit deren Gewohnheiten war Beketschy vertraut. Trotzdem schafften sie den Karren mit dem Hirsch hinter das Haus, als sie in einem ländlichen Gasthaus einkehrten, und deckten ihn zur Vorsicht mit einer Plane zu.
»Sonderbar«, dachte der Fürst, als sie in der guten Stube des Gasthauses saßen und auf ihr Essen warteten, »sonderbar, daß mir der Abschied vom Leben eines Kesselflickers schwerfällt.« Nachdenklich musterte er das Gesicht seines Begleiters, den er in diesen Tagen schätzen gelernt hatte. Sollte dies nun ein Abschied für immer sein? Gewiß, sie lebten in zu verschiedenen Welten.
Als habe er den Blick gespürt, begann der Zigeuner unvermittelt zu sprechen: »Fürst, ich habe darüber nachgedacht, was du von Freiheit sagtest. Uns kann eure Freiheit egal sein, das hat sich nicht geändert. Aber wenn ich ein Ungar wäre, dann würde ich sicher wünschen, daß Ungarn weder dem Österreicher gehört noch dem Türk, sondern dem Ungar.«
»Ich danke dir«, murmelte der Fürst.
»An eurer Freiheit ist der Zigeuner nicht interessiert, aber wenn der Zigeuner einen Freund hat, hält er zu ihm.«
»Das habe ich erlebt«, murmelte der Fürst.
»Und wenn ich den Männern vom Weißdorn erzähle, daß ich dir mein Leben zu verdanken habe?«
»Halb so wild«, murmelte der Fürst.
». . . dann hast du viele Freunde.«
»Ich danke dir, Arpad vom Weißdorn.«
Der Wirt brachte die Suppe. »Huhn ist gleich braun«, sagte der Wirt verheißungsvoll und ging wieder in die Gaststube. Sie saßen ganz allein im Nebenzimmer und konnten ungestört sprechen. »Komm zu meiner Hochzeit, Fürst, lern' meine Brüder kennen und frag' sie,

Als Arpad und Beketschy in der Gaststube sitzen, können sie endlich in aller Ruhe Pläne schmieden

ob sie dir helfen wollen.«
Der Fürst war erschüttert. »Ich werde . . . « begann er, und wollte vielleicht etwas ganz Dummes sagen, weil es ihm gar so absonderlich vorkam, auf Zigeunerhilfe angewiesen zu sein. Aber er führte seinen Satz nicht zu Ende. Auf der Straße vor dem Fenster hörte man Hufschlag, dazwischen das Holpern eines Wagens und laute Kommandorufe. »Ist der Hirsch auch gut versteckt?« fragte der Fürst.
»Du hast ihn doch mit zugedeckt. Warum, sind Österreicher draußen?«
»Ja, aber hier im Hinterstübchen sind wir sicher.« Er tauchte seinen Löffel in die Suppe, führte ihn zum Mund . . . und ließ ihn wieder sinken. Gebannt starrte er aus dem Fenster, dann fragte er:
»Arpad vom Weißdorn, bist du hier in der Stube?«
»Mein Freund, so dumm kann bloß ein Fürst fragen.«
»Sonst würde ich nämlich behaupten, daß du draußen vor dem Fenster stehst.«
Der Zigeuner drehte sich um, und da . . . sah er sich wirklich draußen vor dem Fenster stehen: Breitrandiger Filz, rötlicher Hemdkragen, ausgebeulte gelbe Hose und Langschäfter — nur das Gesicht war nicht echt. Er erkannte es, als er sich vorsichtig dem Fenster näherte. Das Gesicht war aus Stroh, und jetzt wurde ihnen klar, daß da draußen eine Strohpuppe auf einer Stange hing, die Arpads Kleider trug. Man hörte draußen eine Glocke läuten, dann las ein Ausrufer mit eintöniger Stimme vor:
»Gefahndet wird wegen Hoch- und Landesverrats nach Fürst Beketschy, Herrn auf Jankatsch, sowie nach dem in seiner Begleitung reisenden Zigeuner Arpad vom Stamm der Weißdornleute . . . «
In diesem Augenblick kam der Wirt herein, stellte zwei Teller auf den Tisch. Und weil auch ihn interessierte, was draußen verlesen wurde, blieb er stehen und hörte zu.
» . . . dem die beifolgenden Kleidungsstücke gehört haben. Dieser Zigeuner trägt zur Zeit wahrscheinlich die Uniform eines österreichischen Husaren. Bei Strafe des Todes wird hiermit untersagt, den Flüchtigen Beköstigung, Beherbergung oder sonstigen Beistand zu gewähren . . . «
Der Wirt ging unauffällig zur Tür. Ebenso unauffällig langte Arpad nach der Suppenschüssel und wägte sie in der rechten Hand.
» . . . Für Hinweise, die zur Ergreifung der Flüchtigen führen . . . «
Der Wirt hatte die Türe fast erreicht.
» . . . wird eine Belohnung von hundert Silbertalern alter Währung, sogenannten runden Wienern zugesichert. Gegeben zu Erdöz am . . . «
Mit einem Satz versuchte der Wirt die Türe zu erreichen. Im gleichen Augenblick zerschellte die Suppenschüssel über ihm an der Wand. Wie versteinert stand er da, über und über von Gulaschsuppe triefend. »Du brauchst mich nicht zu verraten, Wirt«, sagte ruhig der Weißdornmann, »ich gehe freiwillig nach draußen!«
»Das wirst du schön bleiben lassen«, sagte der Fürst empört, »hast du nicht gehört, daß sie einen Husaren suchen?«
»Husaren gibt es viele, warum soll nicht einer von ihnen zufällig hier im Wirtshaus sitzen? — Ich habe es satt, wie ein Papagei

herumzulaufen, ich will endlich meine Kleider wiederhaben«, und schon war er weg.
Die Streife hatte ihre Pflicht getan, der Ausrufer rollte sein Pergament zusammen, der Soldat, der die Strohpuppe getragen und vor dem Fenster abgestellt hatte, wollte sie gerade wieder aufnehmen, da hörte er eine freundliche Stimme sagen: »Schwer, der verdammte Zigeuner, was Kamerad? Komm, ich pack' mit an«, und bereitwillig überließ der Soldat seinem liebenswürdigen Kameraden die Last. Arpad trug sein Ebenbild zum Begleitwagen, schob es unter die Plane, blickte sichernd herum und kletterte dann blitzschnell selbst hinauf.
Die Streife wendete und nahm den Weg zurück, den sie gekommen war. Wenn sie Beketschy bis hierher nicht aufstöbern konnten, dann mußte er nach Jankatsch entkommen sein. Dort sollten sich die Belagerer um ihn kümmern, deren Aufgabe es ursprünglich gewesen war, den Fürsten in Gewahrsam zu nehmen.
Im Gasthaus hielt Franz von Beketschy immer noch den Wirt in Schach. Aber es dauerte lange, und der Zigeuner kam nicht zurück. Gewiß, Arpad hatte bewiesen, daß er sich zu helfen wußte, aber war es nicht allzu leichtfertig gewesen, sich unter dieselben Soldaten zu mischen, die nach ihm suchten?
»Du kannst dich jetzt waschen gehen«, sagte Beketschy großzügig zu dem Wirt, als er die beiden nicht mehr verraten konnte. Der Wirt war froh, so billig wegzukommen.
Der Fürst lief nach draußen, sah in der Ferne die Streife verschwinden, aber keine Spur seines Freundes. Das mußte schiefgegangen sein — es war todsicher schiefgegangen!
Er mußte etwas unternehmen, und es fiel ihm im Augenblick nichts anderes ein, als der Streife nachzurennen. Würde man ihn erkennen? — Er hatte nicht seine teure Jacke an, die Sonne hatte auf der abenteuerlichen Reise durch die Pußta sein Gesicht dunkelbraun gefärbt, sein weißes Hemd war gänzlich zerissen und verschmiert, auch seine Hose hatte Löcher . . .
Es gelang ihm schnell, die gemächlich reitende Truppe einzuholen. Er versuchte mit eiligen Schritten an ihr vorbeizukommen. Irgendwo mußte doch Arpads Spur zu finden sein.
Klar war ihm, daß er sich trotz aller beruhigender Überlegungen wie ein Tollpatsch benahm, daß er genau denselben Fehler machte, den er Arpad vorgeworfen hatte, — in die Höhle des Löwen zu gehen.
Dann hatten sie ihn auch schon. »He«, rief einer der Soldaten, »da rennt er doch, der Beketschy!«
Seine Kameraden lachten. Dieser verdreckte Bauer sollte Fürst Beketschy sein? Den hatten sie aber ganz anders in Erinnerung — allerdings hatten ihn die meisten nicht aus der Nähe gesehen. »Ich hab' ihn ganz nahe gesehen, und ich bin sicher«, sagte der mißtrauische Soldat beharrlich, der schon abgesessen war und nun vor dem Fürsten stand, »los, wir bringen ihn zum Feldhauptmann!«
Der Feldhauptmann war nicht dabeigewesen, als sie den Fürsten in Erdöz jagten. Als sie ihm den verdreckten Bauern anbrachten, sagte er als erstes: »Glaubt ihr denn wirklich, der Kerl, nach dem wir suchen, rennt frei-

◀ *Die Streife macht vor dem Gasthaus halt und verliest den Fahndungsbefehl*

willig hinter euch her? Ihr seid nicht bei Trost!« Das leuchtete natürlich ein, und der mißtrauische Soldat wurde etwas kleinlaut. »Aber diese Ähnlichkeit«, wagte er noch zu sagen, was seine Kameraden lächerlich fanden. So verludert hatte der Fürst nun wirklich nicht ausgesehen.
»Mit diesem Beketschy und seinem Zigeuner hat die Armee sich schon ausreichend blamiert«, bemerkte der Feldhauptmann, »und wenn der hier Beketschy heißt, wo ist dann der in seiner Begleitung reisende Husar?« Damit wollte der Kommandoführer weiterreiten, aber als vorsichtiger Mann forderte er den Bauern noch auf: »Zeig' deine Hände vor!« Bereitwillig streckte der Fürst seine Kesselflickerhände vor, schrundige, schwielige und nicht ganz saubere Arbeiterhände, die er sich als Arpads Lehrling eingehandelt hatte.
»Was bist du von Beruf?« fragte der Feldhauptmann, und wahrheitsgemäß antwortete der Fürst: »Kesselflicker, Herr Offizier.«
»Kennst du diesen Weißdornmann Arpad — als Kesselflicker bist du doch auch ein Zigeuner.«
»Ja, Herr Offizier, ich bin Zigeuner, aber ich bin ein Erlenmann — mein Stamm begräbt seine Toten im Schutz der Erlenbäume.«
Der Fürst hatte unterwegs viel von seinem Freund gelernt. Er spielte seine Rolle gut.
»Laßt den armen Teufel laufen«, sagte der Feldhauptmann ärgerlich, »ich will nicht zum Gespött der Armee werden, wenn ich statt des Fürsten einen Kesselflicker einbringe.«
Arpad saß noch im Planwagen. Er hatte seine eigenen Kleider wieder an und untersuchte soeben die Lebensmittelvorräte, die von der Streife mitgeführt wurden. Das hielt ihn natürlich auf. Er suchte sich das Beste heraus, dann spähte er vorsichtig unter der Plane vor, ob die Luft rein sei, und sah in geringer Entfernung seinen Freund Franz auf dem Rückweg zum Gasthaus.
»Mann, was hat dich bloß gebissen, daß du hinter der kaiserlichen Streife herrennst. So ein Leichtsinn war ja noch nie da!«
Der Fürst fand erstmal keine Worte, dann aber sagte er wütend: »Wer ist leichtsinniger gewesen von uns beiden? Ich war sicher, daß du Hilfe brauchtest, aber du bist aus purem Übermut der Streife nachgerannt.«
Das Gesicht des Zigeuners verzog sich.
»Erstens«, sagte er frech grinsend, »bin ich ihnen nicht nachgelaufen, sondern gefahren. Zweitens wollte ich endlich wieder ehrliche Kleider haben, und drittens, wenn sie mich wirklich geschnappt hätten — ich kenne einen, der hätte mich herausgehauen.«
Im Gasthaus beendeten sie in Ruhe ihre Mahlzeit. Dann hatten sie noch ein Stück Wegs gemeinsam, bis zur Gabelung, wo Arpad mit seinem Karren rechts in die Pußta abbiegen mußte. Da sprang der Fürst ab und reichte Arpad die Hand.
»Du kommst also zur Hochzeit, Fürst?«
»Ich komme!«
»Meine Brüder werden dich hier an der Gabelung erwarten und ins Lager führen. Der Bräutigam muß leider im Lager bleiben. Du erkennst meine Brüder an dem Weißdornzweig, den sie mitführen.« Er ließ seinen Klepper antraben, hielt ihn noch kurz zurück und rief: »Eine Frage, Fürst, schenkst du mir noch ein paar Hirsche?«
»Soviel du erlegen kannst, das weißt du doch.«

Zigeunerhochzeit

Nun war der Herr auf Jankatsch wieder in vertrauter Umgebung: Hier grüßten ihn Bäume und Steine wie alte Bekannte, hier wußte er, wo der Adler horstet und wo die Sau mit ihren Frischlingen in der Dickung steht, hier konnte man ihn mit verbundenen Augen an jede beliebige Stelle des Waldes führen, und er würde auf dem Heimweg auch nicht einen Schritt in die Irre gehen.
Es war gut, wieder daheim zu sein, wenn er auch von seiner Reise wenig Gutes zu melden hatte. Verstärkung brachte er jedenfalls nicht heran. Was er von der Hilfe einer Zigeunerbande halten sollte, die auf keinen Fall aus Nationalbewußtsein, bestenfalls aus Freundschaft für ihn kämpfen wollte und ohne Zweifel keine Kampferfahrung hatte, das war ihm noch nicht klar. Und je näher er Jankatsch kam, umso klarer wurde ihm, was er dort zurückgelassen hatte: seine Schwester Helene nämlich, und zu ihrem Schutz und zur Verteidigung der Burg nur noch ein Dutzend Haudegen, richtige Eisenfresser, auf die man sich verlassen konnte. Aber Strategen waren das nicht. Und einen Tropfen über den Durst tranken sie auch gern. In einer belagerten Burg kann das aber zum Verhängnis führen!
In plötzlicher Besorgnis ging der Fürst schneller. War die Besorgnis nur ein Gedanke, oder hatte er schon unbewußt den Brandgeruch bemerkt, der mit jedem Schritt stärker wurde. Fast laufend erreichte er das Bachbett, das ihn zum See führen sollte, und als er darin stolpernd und stürzend so weit vorgedrungen war, daß ihm nur noch ein dünner Blätterschleier den Blick auf seine Stammburg verwehrte, da zögerte er plötzlich — zögerte, witterte noch einmal in der Luft und wußte, was geschehen war:
Burg Jankatsch lag vor ihm als ein rauchender Trümmerberg!
Der Anblick ließ ihn erstarren: kein Gedanke in seinem Gehirn, Hände und Füße unfähig, auch nur die kleinste Bewegung zu machen.
Er konnte später nicht sagen, wie lange er dort gestanden hatte. Er wußte nur noch, daß er immer wieder versucht hatte, seine Umwelt richtig zu sehen. Seine Augen mußten nicht in Ordnung sein, denn von dieser Stelle konnte man Burg Jankatsch sehen. Da man sie nicht sah, mußte es einfach an den Augen liegen.
Erst als er nach langer Zeit langsam auf die Burg zutorkelte, drang das fürchterliche Geschehen in sein Bewußtsein, und damit auch die Angst um die Menschen, die er dort zurückgelassen hatte. Hatte man sie zusammengeschossen? Lagen sie vielleicht

unter den Trümmern? Den steilen Burgberg nahm er im Laufschritt, rannte in den ersten Hof — Trümmer — rannte in den zweiten Hof — Trümmer — aber irgendwo in einer verschütteten Kellerhöhle rührte sich etwas. Ein Tier!
Kein Tier, sondern der völlig verdreckte und mit den Fetzen seines Lederwamses behangene Laszlo, der stärkste aller Eisenfresser von

Helene, die Schwester des Fürsten von Beketschy

Jankatsch. Dieser Holzklotz, dieser Grobian in jedem Wort und jeder Bewegung, dieser ganz und gar ungebildete Mensch, stammelte als erstes die Worte, auf die der Fürst wartete: »Die Prinzessin lebt, Jungherr.« Damit war sein Zartgefühl dann auch erschöpft, und während Beketschy tief aufatmete, brach der aufgestaute Zorn mit tausend wüsten Flüchen aus ihm heraus. Soviel verstand der Fürst nach einigen Rückfragen:
Die Österreicher waren abgezogen, jawohl, richtig abgezogen, mit Kanonen und Zelten und Feldküchen und allem drum und dran. Die Haudegen auf Jankatsch hatten ihnen ein paar Späher nachgeschickt, die feststellten, daß es keine Finte war: Sie rückten wirklich ab, immer weiter nach Nordwesten zur Garnison. Bis zur Dunkelheit hatte man ihre Bewegung beobachtet, und immer noch marschierten sie.
Das hatten die Eisenfresser jubelnd der Prinzessin Helene gemeldet, und wenn Helene auch von kriegerischen Dingen wenig verstand, so war ihr doch klar, daß die kaiserlichen Soldaten mit all ihrem schweren Geschütz und ihren militärischen Apparaten in dieser Nacht unmöglich zurückkehren konnten. War der Abzug doch eine Finte, so war man zumindest bis zum nächsten Mittag vor Überraschungen sicher.
Ja, und dann hatte die Prinzessin den Durst der Eisenfresser nicht länger im Zaum halten können: Sie sollten einmal feiern, sie hatten genug gelitten.
Tatsächlich kehrten die Österreicher in dieser Nacht nicht mit ihrem ganzen militärischen Apparat zurück, wohl aber mit ihrer leichten Reiterei und den Handwaffen. Außerdem

Die Österreicher ziehen ab. Sie haben einen listigen Plan, die Burg einzunehmen

führten sie auf einem Saumpferd noch einen schweren Sprengmörser mit. Während im Schloß der Gesang der feiernden Eisenfresser erschallte, setzten sie den Sprengmörser ans Tor des Vorwerks. Es gab eine gewaltige Detonation. Ehe die fröhlichen Sänger ahnten,was vorging, waren sie schon überwältigt. »Prinzessin Helene haben sie gefangengenommen!« schloß der alte Laszlo seinen trüben Bericht.
»Gefangengenommen? — Das ist unmöglich!«
»Bis sich unser Jungherr stellt.«
»Bis sich . . . « der Fürst konnte den Satz nicht wiederholen. Auf diese Infamie war er nicht gefaßt. Helene im Gefängnis, weil man seiner nicht habhaft wurde.
»Wo — ist sie — hat sie . . . «
»In der Garnison.«
Nachdenklich blickte sich der Fürst um.
»Laszlo, ich danke dir — dir und den anderen Männern — für eure Treue. Mehr habe ich leider nicht tun können — für Ungarn», und mit schleppendem Schritt ging er auf das gesprengte Tor des Vorwerks zu. Da drehte er sich noch einmal um. »Was ist mit den anderen Männern geschehen?«
»Weil sie keinen Widerstand leisten konnten, und weil es heißt, sie seien von dir aufgestachelt worden und im Grunde unschuldig, weil sie dich für ihren Landesherren halten, darum finden sie milde Richter. Ich mußte als einzige Strafe hier auf deine Rückkehr warten und dir berichten, was vorgegangen ist.«
»Gott sei Dank!« sagte der Fürst. »Laszlo, ich habe eine Verabredung zum Tag des übernächsten Neumonds. Ich bin zur Hochzeit meines Freundes Arpad vom Weißdorn eingeladen. Ich werde dir beschreiben, wo das Zigeunerlager ist.«
»Ein Zigeuner, Fürst?«
»Ein Mann, Laszlo, ich verdanke ihm mein Leben. Willst du mich bei ihm entschuldigen?«

Waffen sind verdächtig. Aber als wandernder Schmied kommt man mit einem Hammer überall durch

»Für den Freund unseres Jagdherrn tu' ich alles!«
Der Fürst beschrieb ihm, so gut er konnte, wo das Lager des Weißdorns zu finden sei. »Aber nimm deinen Hammer mit, Laszlo, es ist gefährlich auf den Straßen. Keine Waffen, das würde dich verdächtig machen, aber als wandernder Schmied kommst du durch. Für dich ist der Hammer immer noch die beste Waffe gewesen.«
Dann verließ von Beketschy seine Stammburg, um nie mehr zurückzukehren.
Auch dem Zigeuner ging auf seiner Heimfahrt nicht alles nach seiner Nase; erst war er bester Laune: sein zweiter Hirsch war in Sicherheit gebracht; bis zum übernächsten Neumond würde er zwei weitere heranschaffen, und dann würde er mit Rilana vor die Ältesten treten. Um sich die Zeit zu vertreiben, stimmte er ein altes Zigeunerlied an:
»Bis Weihnachten, Gott sei Dank!
Hab' ich reichlich Speis und Trank.
Und bis Ostern schlaf' ich halt!
Wach' erst auf, wenn grün der Wald!«
Das Lied war eben zu Ende, da richtete sich hinter einem Ginsterbusch eine Gestalt auf und sagte: »Dir scheint es ja besonders gut zu gehen, Bauer, was macht dich denn so fidel?«
Der Mann trat näher, eine ziemlich heruntergekommene Figur mit zerrissenen Kleidern, an einer um die Hüfte gebundenen Schnur baumelte ein langer Türkensäbel. Er ging nicht sonderlich gerade, und sein Gesicht machte den Eindruck, als ob er bald wieder einmal eine warme Mahlzeit brauchte. Der Mann warf einen Blick auf den Karren, sah den Hirsch und schrie: »Auf, Kuruzzen, macht den Ofen an, es gibt einen Festbraten!«

Zum Schutz der Burg läßt der Fürst einige Haudegen zurück, auf die man sich verlassen kann ▶

Hinter den Büschen kamen weitere Figuren hoch, alle verludert und ausgehungert wie die erste. Schon peitschte der Zigeuner Arpad auf seinen Klepper los. Der Kuruzz, der ihn zuerst gesehen hatte, hängte sich an den Karren und kletterte hoch, die anderen rannten hinterher. »Vorwärts, Pferdchen, zeig', was du kannst«, schmeichelte der Zigeuner, dann band er den Zügel fest und wendete sich dem Kuruzz zu, der im Wagen, oben auf dem Hirsch stehend, seinen Säbel gezogen hatte. »Zeig, was du kannst«, sagte er noch einmal, aber diesmal zum Kuruzzen. Der Kuruzz kam balancierend näher, wollte mit seinem Säbel ausholen, da schleuderte ihm der Zigeuner Arpad seinen Hut ins Gesicht. Sekunden der Verwirrung — Arpad ist an ihm und legt ihn mit einem kurzen Hieb neben den Hirsch.

Die Kuruzzen hatten den kurzen Kampf beobachtet. Ein Schuß krachte, die Kugel zischte an Arpads Ohr vorbei, aber viel Munition schienen die Gesellen nicht mehr zu haben. Arpad nahm den Säbel auf und ließ das Pferd wieder in Trott verfallen. Jetzt mochten sie getrost herankommen!

Vier Kerle waren außer dem Ohnmächtigen hinter ihm her, in einigem Abstand folgte ihnen eine junge Frau: die Gattin des Schulmeisters von Tokaj, wie sich herausstellen sollte. Der Schnellste hatte das immer langlangsamer werdende Fahrzeug bald eingeholt. Arpad hatte den langen Säbel neben sich hingelegt und sich mit baumelnden Beinen und grinsender Visage hinten auf den Karren gesetzt. Als der Mann nahe genug war, schon das Holz des Wagens packte und im Gürtel sein Messer suchte, setzte ihm Arpad unerwartet den Säbel auf die Brust. »Soll ich dich jetzt abstechen, oder wollt Ihr verhandeln?«

»Verhandeln«, sagte der Mann.

»Brrr«, machte der Zigeuner, und das Pferd stand. Immer noch deutete Arpads Säbel auf die Brust des Kuruzzen. Die anderen kamen heran, als letzte die junge Frau. »Danke, schöne Frau«, sagte der Zigeuner, »meinen Hut kann ich wirklich nicht entbehren«, und setzte seinen Filz wieder auf, den ihm die junge Frau ohne Widerspruch übergab. Der geschlagene Kuruzz neben dem Hirsch bewegte sich.

»Runter vom Wagen und stell dich zu den anderen Strauchrittern. Und nun meine Freunde, wollen wir verhandeln. Womit kann ich euch dienen?«

»Wir wollen den Hirsch!«

»Der Hirsch ist mein Brautgeschenk, den kriegt ihr nicht.«

»Dann holen wir ihn uns!«

»Gut, holt ihn euch.« Arpad sprang, den Säbel in der Faust, in ihre Mitte, und noch im Sprung hatte er dem Wortführer das Messer aus dem Gürtel gerissen. »So«, murmelte er zufrieden, »jetzt bin ich wieder angezogen. Ohne sein Messer fühlt sich der Zigeuner halbnackt.«

»Ein Zigeuner bist du?«

»Wenn die Herrschaften nichts dagegen haben.«

»Aber gar nicht, wir werden doch wohl noch mit einem Zigeuner fertig. Los, Männer, ran an den Hirsch!« Der Wortführer trat an den Karren und lag schon flach am Boden, weil ihm der Zigeuner beide Beine unterm Leib weggetreten hatte. »So, Herrschaften, jetzt reden wir miteinander wie vernünftige

Menschen, oder ich werde ungeduldig«, brummte der Zigeuner und schlug einem der Kerle die Faust ins Gesicht, trat dem zweiten die Pistole aus der Hand, hatte die anderen vor seinem Säbel und tat, als wolle er sie allesamt massakrieren.
»Gebt Ruhe«, sagte die Kuruzzenfrau, »er hat euch gesagt, daß ihr vernünftig mit ihm sprechen sollt. Also versucht es einmal anders. Jarosch, entschuldige dich für uns alle.«
Jarosch war der Mann mit der Pistole, der Schulmeister von Tokaj, der gerade seine Hand am Mund hatte, weil sie blutete. »Was ist da zu entschuldigen«, sagte er wütend, »wir sind am Verhungern,und wir müssen essen. Wenn wir uns sehen lassen, werden wir wie die Hasen gejagt, darum wollten wir dich überfallen. Aber du machst uns ziemlich viel Schwierigkeiten, habe ich den Eindruck.«
Die Kuruzzenfrau lachte ein bißchen. »Sei ihm nicht böse, Zigeuner, aber das sollte eine Entschuldigung sein. Das ist so Jaroschs Art. Sprich weiter Jarosch.«
Jarosch saugte gerade wieder an seiner blutenden Hand und hatte keine rechte Lust zu reden, aber plötzlich wurde er interessiert, betrachtete den Zigeuner einige Zeit und sagte dann: »Ich bin der Schulmeister von Tokaj, Jarosch Benediy, willst du uns nicht deinen Namen sagen?«
»Ich bin Arpad von den Weißdornleuten.«
Damit war alles verwandelt! Denn sie kannten ihn alle. Sie wußten, was sich in Erdöz zugetragen hatte, daß er mit ihrem großen Vorbild, dem ungarischen Widerstandskämpfer Fürst Beketschy spurlos verschwunden war und daß hundert runde Wiener auf seinen Kopf gesetzt waren. »So ein Glück, daß du es gewesen bist», sagte der Schulmeister, »der mir die Hand kaputt getreten hat. Eines solchen Gegners brauche ich mich nicht zu schämen.«

Rilana versteht es vorzüglich, den Hirschbraten anzurichten und ihre Gäste zu bewirten

»Macht jetzt bloß kein großes Kriegsgeschrei«, rief die Kuruzzenfrau in seine Begeisterungsrufe hinein, »erstens stehen auf seinen Kopf keine runden Wiener, sondern echte Glocken alter Währung, das ist viel mehr. Und zweitens solltet ihr ihn endlich fragen, ob er etwas für uns tun kann. Ihr wißt selbst, daß wir es nicht mehr lange machen.«
»Was kann ich viel tun, schöne Frau? Ich könnte euch zum Essen einladen, das scheint mir im Augenblick das Nötigste. Später sehen wir weiter. Darf ich bitten«, und mit einer galanten Geste half er der Frau auf den Bock, setzte sich daneben und rief lachend: »Ihr anderen müßt leider ein bißchen traben, so viele kuruzzische Dickschädel kann ich meinem Pferdchen nicht zumuten. Hü, alter Klepper, in einer Stunde darfst du auf die Weide.«
So sind die Kuruzzen doch noch zu ihrem Hirschbraten gekommen. Freilich mußten sie ihn mit vielen teilen, denn im Waldversteck gab es hungrige Mäuler genug. Nach dem Essen verzogen sich die Tokajer in ein paar Zelte, die ihnen von den Zigeunern überlassen wurden, und schliefen zum erstenmal seit Wochen richtig aus. Als sie gegen Mittag des nächsten Tages herauskrochen und sich nach dem Mann erkundigten, der sie zum Essen eingeladen hatte, war Arpad längst wieder unterwegs zu seinem Jagdrevier. Er mußte sich rühren, denn übernächsten Neumond sollte die Hochzeit sein. Häuptling Mulimir teilte den Gejagten mit, Arpad habe ein Wort für sie eingelegt, sie dürften im Lager bleiben.
»Was, ich soll in einem Zigeunerlager leben?« rief empört einer der Kuruzzen. Die Frau des Schulmeisters sah ihn spöttisch an. »Es zwingt dich doch keiner dazu. Du kannst im Zigeunerlager leben oder anderswo wie ein Hund krepieren. Du weißt, daß wir nichts

Nach dem Essen ziehen sich die Tokajer in ein paar Zelte zurück, die ihnen die Zigeuner überlassen haben

Arpad legt bei seinen Leuten für die Kuruzzen ein gutes Wort ein, und sie dürfen bei den Zigeunern ihren Hunger und Durst stillen

mehr zu erwarten haben.«
Bis zum übernächsten Neumond brachte Arpad sogar noch einen fünften Hirsch ins Lager. Sie tauschten in benachbarten Dörfern Mehl, Wein, Sesamkörner und Honig gegen Fleisch; sogar ein bißchen Tuch für Kleidung handelten sie ein. Dann begann der Weißdorn zu blühen: kochen, braten, backen, schneidern, schmücken. Sie hatten alle zu tun. »Brüder, von der Hochzeit unserer Häuptlingstochter Rilana werden die Enkel noch reden!« meinte Arpad.
Milan leitete die Vorbereitungen. Igel schnitt die Bänderstöcke; der kleine Igel, Rilanas Bruder, der vor Aufregung kaum noch schlafen konnte. Die alte Schari, Arpads Pflegemutter, gab ihm die bunten Seidenbänder heraus, die zum sorgfältig gehüteten Schatz des Stammes gehörten, und er band sie oben an die Haselruten. Dann steckte er rundum den Gerichtsplatz damit aus und den ganzen Weg vom Lager zum Gerichtsplatz. Danach schwang er sich auf den Klepper, denn er sollte die Ehre haben, Fürst Franz von Beketschky an der Weggabelung abzuholen.
Am Morgen des Festes kehrte er mit hängenden Ohren ins Lager zurück: Der Fürst war nicht zur verabredeten Zeit an der Gabelung erschienen. Man hätte es sich ja denken können. Wer hat je einen Fürsten im Zigeunerlager erlebt?
»Nein«, sagte der Zigeuner Arpad, »dieser Fürst ist kein gewöhnlicher Gadscho, der hält Wort. Wenn er nicht gekommen ist, dann ist ihm etwas zugestoßen.« Und er griff nach dem Zügel, als wolle er sich gleich in den Sattel schwingen. Mulimir packte ihn an den Schultern. »Du wirst das Lager an deinem Hochzeitstag nicht verlassen, Arpad vom Weißdorn!«
»Rilana wird mich verstehen.«

Die Kuruzzen haben Rilana noch nie gesehen. Ihre fremdartige Schönheit fasziniert sie

»Auch Rilana fügt sich den Sitten ihres Stammes.
Für heute ist ihre Hochzeit angesetzt, und heute wird sie heiraten — wenn nicht dich, dann den nächstbesten Mann, den ich bestimme.«
Der Häuptling ging weg. Arpad gab Igel den Zügel in die Hand und ging ins Zelt der alten Schari. Schari war die Phuri Dai, die Seherin und Beraterin des Stammes. »Was soll ich tun, älteste Mutter, ein Freund ist in Gefahr?«
»Ich weiß von deinem Freund«, sagte die Alte, »ich weiß auch, daß er eine hochgestellte Person ist. Sei ruhig, mein Sohn, einen solchen Mann hängt der Gadscho nicht an den nächsten Baum. Den muß er vor ein Gericht stellen, da wird er ihn verhören und auspressen und versuchen, ihn zur Abbitte zu zwingen. Erst dann ermordet er ihn. Wenn dein Freund tot ist, kannst du ihm nicht mehr helfen. Wenn er aber nicht im Kampf gefallen ist, dann wird er auch morgen noch leben. Füge dich heute dem Gesetz des Stammes und reite morgen aus, deinen Freund zu suchen!«
Vor dem Zelt des Häuptlings wurde eine Trommel geschlagen. Milan kam und geleitete Arpad dahin. Schon war der ganze Stamm versammelt, die Kuruzzen mittendrin, als seien sie echte Zigeuner. Als der Häuptling die Plane hob und das Mädchen herausführte, stockte den Kuruzzen der Atem. Sie hatten Rilana nie zuvor gesehen, ihre fremdartige Schönheit faszinierte sie. Sie trug kein weißes Hochzeitsgewand, wie es der Gadscho bei seinen Hochzeiten liebt. Der einzige weiße Fleck war die Blume an ihrer linken Schläfe, die wie ein Edelstein aus der schwarzen Haarpracht leuchtete. Und dieses Haar lag zwanglos auf ihrer Schulter, ging über in die schwarzen Halbmonde der Augenbrauen und kräuselte sich am kräftigen Kinn zu einem

Die alte Schari, die Phuri Dai, die Seherin und Beraterin des Stammes vom Weißdorn

geschlossenen Rahmen. Im Ausschnitt des Kleides schimmerte ein feines, silbernes Kettchen, das Kleid selbst war aus verschiedenfarbigen Seidenfetzen zusammengenäht: Zinnober, Ocker und Schwarz. Es fiel glatt bis zu den Knöcheln und gab nur den Blick auf die schwarzen Spangenschuhe frei.
Die Musikanten mit ihren Geigen, Gitarren, Schellentrommeln spielten den Verbunko und setzten sich in Bewegung. Der Häuptling reichte seiner Tochter den Arm — hinter den beiden folgten Arpad und Milan, dann der ganze Stamm in buntem Gewühl, und mittendrin die Kuruzzen, denn das wollte sich keiner entgehen lassen.
Sie schritten die Bänderstraße entlang zum Gerichtsplatz. Das war eine Waldlichtung, in deren Mitte ein großer Stein lag. Ein Becher mit Wein stand auf dem Stein, hinter dem Stein wartete der älteste Vater Jekub auf den Hochzeitszug. Die Zigeuner stellten sich in einem großen Halbkreis auf. Nur Arpad und Rilana traten vor bis zum Stein.
Feierliche Erwartung. In der Stille hörte man Jekubs Stimme: »Arpad vom Weißdorn, Sohn des Jendosch und der Sarida, ich frage dich, ob du Rilana vom Weißdorn zu deiner Romni machen willst.«
»Ich habe Rilana vom Weißdorn als Romni gewählt.«
Jekub wandte sich Rilana zu. »Rilana vom Weißdorn, Tochter des Mulimir und der Zarka, ich frage dich, ob du Arpad vom Weißdorn zu deinem Rom machen willst.«
»Ich habe Arpad vom Weißdorn als Rom gewählt.«
»Trinkt nun beide aus dem Becher des Gerichts.«

Arpad trat einen Schritt vor, hob mit beiden Händen den Becher zum Mund und trank. Dann wandte er sich Rilana zu, reichte ihr den Becher, und sie trank. »Damit«, fuhr der älteste Vater Jekub fort, »seid ihr nach dem Gesetz unseres Volkes ein Paar geworden und werdet ein Paar bleiben, solange ihr lebt. Der gute Dewel beschützt euch . . . und dem ältesten Vater des Stammes erlaubt ihr, euch als erster Glück zu wünschen!« Er umarmte Rilana und küßte sie auf die Wange, er umarmte auch Arpad. Dann aber wurde ihm das Paar entrissen und verschwand im jubelnden Haufen der Zigeuner, die sich nun mit lauten Rufen und jubelnder Musik wieder ins Lager begaben.

Da drehte sich schon der Braten am Spieß, und die gefüllten Krüge standen bereit. »Vergiß nicht, lieber dumneskro raklo«, sagte der Häuptling zu seinem Schwiegersohn, bevor das Gelage begann, »vergiß nicht, daß das Fest drei Tage dauert.« Erst da fiel Arpad das Versprechen des Fürsten wieder ein, das er über seinem Glück vergessen hatte.

Drei Tage wollte er noch im Lager bleiben. Die Worte der alten Schari hatten ihn etwas beruhigt. Er besprach sich mit Rilana, die ihn lange anblickte und dann sagte: »Jetzt habe ich dich, und ich laß' dich nie mehr los — aber wenn du glaubst, daß dein Freund in Gefahr ist, dann mußt du reiten.«

Drei Tage also wollte er bleiben, aber am zweiten Tag trat etwas ein, das alle Pläne durchkreuzte. Der Zigeuner Kembal trat ans Lagerfeuer, mit ihm ein Baum von einem Kerl, der in der Hand einen Vorschlaghammer trug, und Kembal sagte: »Entschuldige, Bruder Arpad, daß ich zu deiner Hochzeit zu spät gekommen bin, aber dieser Dickschädel hier wollte immerzu schlafen.«

»Und warum konntest du nicht ohne ihn kommen?«

In der Waldlichtung stellen sich die Zigeuner mit ihren Pferden in einem großen Halbkreis auf und sehen der Trauung zu

Laszlo, der Schmied, überbringt Arpad eine wichtige Botschaft des Fürsten von Beketschy

»Weil dieser Idiot im ganzen Land nach dem heimlichen Lager der Weißdornleute herumfragt. Muß denn jeder Gadscho wissen, daß wir ein heimliches Lager haben?«
»Was willst du in unserem Lager?«
Der Mann mit dem Hammer kam etwas näher: »Wenn du Arpad vom Weißdorn bist, habe ich für dich eine Botschaft.«
»Ja, der bin ich.«
»Unser Jungherr, Fürst Franz von Beketschy, läßt dir sagen, daß er nicht zur Weggablung kommen kann.«
»Jetzt läßt er das sagen?«
»Nicht jetzt — ich suche schon ein paar Wochen nach dir. Als unser Jungherr ins Gefängnis ging . . . «
Arpad sprang auf. »Ins Gefängnis? — Sprich weiter, Mann, was ist vorgefallen?« Und der Schmied Laszlo Kodaly spuckte noch einmal seinen ganzen Zorn aus. Atemlos horchten die Zigeuner und Kuruzzen. Als sie alles erfahren hatten, sagte der Schulmeister von Tokaj: »Dann ist Ungarn verloren. Er war unsere letzte Hoffnung, und jetzt ist er tot!«
»Tot? — Du bist wahnsinnig!«
»Nein«, sagte der Schulmeister, »was denkt ihr denn, was der Poldi in Wien mit solchen Männern anstellt? Wie ist es dem alten Zriny ergangen? Auf ein Bankett haben sie ihn geladen, und dann ist er im Gefängnis von Wiener Neustadt umgebracht worden.«
»Wer ist dieser Poldi?«
»Kaiser Leopold von Östereich.«
»Wo wohnt er?«
»Was weiß ich — irgendwo in Wien oder in der Gegend da.«
Ein langes Schweigen, dann sagte Arpad leise: »Wenn er in Wien lebt, dann kann er nicht wissen, was hier in Ungarn vorgeht, daß hier geraubt, geplündert und geschändet wird, daß die Menschen verhungern und daß Franz von Beketschy für Ungarn nur das

Beste gewollt hat. Mein Freund ist kein Verbrecher, man muß es dem Kaiser sagen.«
»Ach, du Kindergemüt«, sagte spöttisch der Schulmeister von Tokaj, »es ist ja noch viel schlimmer, als du dir vorstellen kannst. Der Kaiser weiß ganz genau, was hier vorgeht, aber es interessiert ihn nicht. Ungarn soll die Kosten des großen Türkenkrieges bezahlen, und dem Poldi ist das ganz egal, wie sie herausgepreßt werden.«
»Das glaub' ich dir nicht. Diese Schuld kann ein einzelner Mensch nicht auf sich nehmen . . . und der Kaiser kann unmöglich wissen, was in all seinen Ländern gespielt wird. Ich muß es ihm sagen.« Er trat auf Rilana zu und blickte ihr in die Augen. Rilana senkte den Blick. Ganz leise sagte sie: »Mein Rom, ich will nicht, daß du mich allein läßt, aber ich weiß auch, daß du reiten mußt.«
Er umarmte sie lange, dann ging er fort. Minuten später trabte er auf seinem Klepper am Lagerfeuer vorbei. Die Kuruzzen sahen sich verständnislos an: »Was ist los mit ihm, wo reitet er hin?«
»Das hat er doch gesagt. Nach Wien, er holt seinen Freund heraus.«
Unvorstellbar. »Ein Irrer«, rief der Schulmeister laut, »nicht bloß ein Kindskopf, ein Irrer!« Die meisten stimmten ihm zu. Nur der Schmied Kodaly nicht. Er trat zu Rilana und fragte: »Wenn dein Mann nach Wien geritten ist, um meinen Jungherrn herauszuholen, warum nimmt er mich dann nicht mit? Es geht doch um meinen Herrn, nicht um seinen.« Der Schulmeister schüttelte den Kopf. »Noch ein Irrer«, sagte er, »Leute gebraucht doch euren Verstand. Kein Mensch kann einfach zum Kaiser reiten und mit ihm reden.

Rilana läßt Arpad ungern gehen. Er umarmt sie lange; dann geht er fort

Kein Mensch kann einen Gefangenen in Wiener Neustadt befreien, wenn er nicht mit einer ganzen Armee anrückt. Nun denkt mal nach, sonst macht ihr mich noch wahnsinnig.«

»Eigentlich«, sagte Marika, seine Frau, »eigentlich denkst du auch nicht besonders klar. Soeben hast du noch behauptet, der Fürst sei für Ungarn die letzte Hoffnung, und jetzt wirfst du die letzte Hoffnung weg, wie einen faulen Apfel.« Der Schulmeister belehrte: »Aber Marika, du mußt doch einsehen, daß ein einzelner Mann da nichts ausrichten kann — auch zwei Männer nicht«, dabei sah er den Schmied an.

»Drei Männer vielleicht?« fragte Milan, und stellte sich neben den Schmied. Schließlich ist Arpad mein Freund, wie Beketschy der seine ist.«

»Und ich bin seine Frau. Wenn ihr nach Wien geht, komme ich mit!«

»Schon vier Irre«, sagte der Schulmeister ergeben.

»Fünf!« ergänzte Igel, »ich lasse meine Schwester nicht allein auf die Reise gehen. Ich bin im Stamm der beste Schleuderschütze, und wenn mir der Fürst auch gleichgültig ist, ich will wenigstens Rilana ihren Mann zurückbringen.«

»Dieser galoppierende Wahnsinn könnte mich noch anstecken», bemerkte der Schulmeister, »nur denke ich doch etwas klarer, wenn Marika auch anderer Meinung ist. Habt ihr einmal nachgedacht, wieviel Zeit wir brauchen, um nach Wien zu marschieren, und habt ihr euch überlegt, daß man so einen wandernden Menschenhaufen schon in der nächsten Stadt ins Gefängnis sperrt?«

»Wenn das deine ganze Sorge ist, Schulmeister. In der nächsten Garnison stehl' ich dir soviel Pferde wie du haben willst«, meinte Kembal: »Man würde uns nicht einsperren, wenn wir als Gauklertruppe auftreten, die zur Erheiterung der Soldaten von Ort zu Ort zieht und überall ihre Vorstellungen gibt. Aber dazu brauchten wir einen Geleitbrief, unterschrieben und gesiegelt; woher kriegen wir den?«

»Ein Siegel könnte man stehlen«, meinte Milan. Der Schulmeister stand auf. »Wenn du ein Siegel beschaffen kannst, Zigeuner, ich kenne die Unterschrift von Generalmajor Rebschnetzer und mache sie täuschend ähnlich nach. Wann brechen wir auf?«

Da fiel ihm seine bissige Marika um den Hals. Keiner sprach mehr davon, daß sie allesamt wahnsinnig seien. Sie besprachen sich, als hätten sie irgendeine Kleinigkeit vor. »Ich könnte mit der Peitsche arbeiten«, versicherte Igel, und Kembal ergänzte: »Wenn wir wirklich einmal irgendwo als Gaukler auftreten müssen, ich bin ein guter Messerwerfer.« Da wurde Marika wach. »Wonach wirfst du denn deine Messer? Ist es nicht besonders aufregend für die Zuschauer, wenn du sie nach einer hübschen Frau wirfst?« Das, meinte Kembal, sei allerdings richtig, aber man finde so leicht keine schöne Frau, die sich als Zielscheibe hinstellen lasse. »Wieso«, fragte Marika kokett, »bin ich dir nicht schön genug?« Aber da ging der Schulmeister hoch und zeterte, es wäre schon zuviel gewesen, daß sie mit den Kuruzzen alle Strapazen geteilt habe. Auf keinen Fall dürfe sie mit nach Wien. Marika lächelte nur. »Du bist jetzt still, Kuruzz, das könnte dir so passen, daß ich dich allein nach

Wien reisen lasse, wo es so viele schöne Mädchen geben soll.«
Milan war schon früher als Seiltänzer aufgetreten, der Schmied bot Zielwerfen mit dem Hammer und Entfesselungskünste an, und Rilana konnte tanzen. Sie brauchten für ihre Gaukelkünste nur geringes Requisit, das sich leicht auf dem Pferd mitführen ließ. Aber als Gaukler wollten sie nur im Notfall auftreten. Nach Wien oder Wiener Neustadt wollten sie, wenn möglich ohne Aufenthalt.
Auch Arpad hatte vor, ohne Aufenthalt nach Wien zu kommen. Nun war das freilich nicht ganz leicht, denn es gab überall militärische Kontrollen, Sperren und Streifen. Er hatte Augen wie ein Luchs: Wenn er nur ein Fetzchen Uniform, eine Fahne, ein marschierendes Trüpplein Soldaten oder eine Straßensperre bemerkte, schlug er sich seitlich in die Büsche und machte notfalls gewaltige Umwege. Nach dem Weg brauchte er nicht zu fragen, denn dem Zigeuner waren alle Wege bekannt, sogar alle Umwege. Trotzdem mußte er unterwegs mehrmals Verbindung mit Menschen suchen, denn ganz ohne Nahrung war der lange Ritt nicht durchzuhalten. Er bettelte und stahl wohl auch ein bißchen, aber aufhalten ließ er sich durch seine Nahrungssuche kaum.
Ein wenig Geld müßte man schon haben, überlegte er. Und dann fiel ihm plötzlich ein, daß für seine Ergreifung hundert Taler ausgesetzt waren. Wenn sein Kopf hundert Taler wert war, dann hatte er doch ein Recht auf hundert Taler, dachte er. »Woher krieg' ich die hundert Taler?«

Der Feuertanz

Vier Zigeuner, zwei Kuruzzen und ein ungarischer Schmied, ein seltsames Gespann, das da auf die große Reise ging. »Sieben ist eine Glückszahl«, sagte Igel, aber Rilana fuhr fort, »wenn wir Arpad finden, soll acht unsere Glückszahl sein«, und der Schmied ergänzte, »mit unserm Jungherrn zusammen machen wir einfach neun zur Glückszahl«, worauf der Schulmeister abschließend bemerkte: »Wenn ich schon euren Wahnsinn mitmache, will ich auch euren Aberglauben teilen. Unsere Glückszahl ist die Null, denn wir haben auf nichts gesetzt und wollen alles erreichen!«
»Erst müssen wir einmal die Straße erreichen«, knurrte der schwere Laszlo, »wir wühlen uns hier durch die Pußta, daß man die Staubfahne zehn Meilen weit sehen kann.« Die Zigeuner lachten; sie waren gut zu Fuß, trotzdem meinte Milan: »Dann müßten wir als nächstes ein paar Pferde erreichen, am besten Husarenpferde, die sind gut gehalten und einen flotten Gang gewöhnt.« Kembal nickte. »Schließlich müßten wir noch einen Geleitbrief haben, das wird sicher die härteste Nuß!«
Auf der Straße trennten sie sich. Kembal, Igel und Milan machten sich auf zur nächsten Garnison, die anderen sollten sich vorerst versteckt halten. Bis zum Abend hatten die drei Zigeuner in der Garnison den Standort der Pferde erkundet: dreißig herrliche Tiere in einer großen Koppel, deren Zugang nur durch ein einfaches Gatter gesichert war.
»Ich seh' erstmal nach, ob es da in der Hütte Zaumzeug gibt. Ich glaube nicht, daß Schulmeister und Schmiede große Reiter sind — und für die Frauen sollten wir ein paar Sättel auftreiben.« Er hob das Gatter an und ging auf die Koppel; die anderen sicherten nach beiden Seiten. Noch hatte Milan die Hütte nicht erreicht, da hörte er von der Straße, wo Igel Schmiere stand, einen leisen Pfiff.
Sie konnten sich gerade noch hinter einem Gebüsch verstecken, da marschierten zwei Husaren heran, gingen, das Gewehr über der Schulter, bis zum Gatter, kehrten einander den Rücken zu und marschierten in verschiedenen Richtungen los: immer rund um die Koppel herum — immer rund um die Koppel herum. »Heilige Zarka«, knirschte Kembal vor sich hin, hast du denn deine Zigeuner ganz vergessen? Konntest du diese Stoffpuppen nicht zehn Minuten später kommen lassen?«
Es war zum Heulen. Bei Tag war den Kaiserlichen ihre Pferdekoppel anscheinend sicher genug, aber jetzt am Abend ließen sie einen Doppelposten aufmarschieren. Da war nicht

Milan und Kembal können sich nicht einmal aus ihrem Versteck wagen, denn die Pferdekoppel wird mit Doppelposten bewacht

viel zu machen, zumindest mußten sie warten, bis es völlig dunkel war; vorher konnten sie sich nicht einmal aus ihrem Versteck wagen.
»Schlaft ein bißchen auf Vorrat«, riet Kembal seinen Brüdern, »ich werde mir inzwischen überlegen, ob es noch einen Ausweg gibt.«
Milan und Igel legten sich schlafen. Kembal kroch so weit aus dem Versteck, wie es ohne Gefahr möglich war, dann überblickte er das Gelände. Nicht lange, dann pfiff er leise durch die Zähne, kroch zurück und legte sich schlafen.
Gegen Mitternacht weckte er seine Brüder.
»Jetzt hört zu; an der anderen Seite der Koppel steht ein großer Nußbaum. Dahin schleichen wir uns, Milan und ich. Du, Igel gehst zum Gatter und machst es auf, aber Vorsicht, erst dann, wenn die Posten nicht zu nahe sind. Du siehst nach, ob es in der Hütte Riemen- und Sattelzeug gibt — für sieben Pferde, und wenn es geht, auch mindestens zwei Sättel.
Klar?«
Igel nickte. Milan und Kembal schlichen sich fort — zum großen Nußbaum auf der anderen Seite. Lautlos, nur kein Geräusch machen; daß sie ungesehen hinkamen, dafür sorgte schon die pechschwarze Nacht.
Als der erste Wachtposten wieder beim Nußbaum vorbeikam, fiel etwas Schweres aus dem Geäst: Ein kurzes Ringen, ein Stöhnen, ein abgewürgter Schrei, dann schleppte Kembal sein Opfer von der Koppel fort, um es mit seiner eigenen Uniform zu knebeln und zu fesseln.
»Schorsch«, rief der Husar, der sich gerade auf der anderen Seite der Koppel befand und in der stillen Nacht einen ungewöhnlichen Laut

vernommen hatte. »Schorsch, ist was? — Gib doch Antwort Schorsch!«

Im Laufschritt kam der Husar heran. Dort in der Nähe des Nußbaumes mußte sich Schorsch befinden, von daher hatte er die unbestimmten Laute gehört. Als er unter dem Baum ankam, fiel wieder etwas Schweres aus dem Geäst, und Milan verfuhr mit seinem Opfer ebenso wie Kembal es getan hatte. Dann setzten sie über die Einfriedung und rannten zur Hütte. »Geschirr jede Menge!« rief Igel ihnen entgegen, »ich hab alles schon zurechtgelegt.«

Sieben feine Pferdchen und bestes Sattelzeug brachten sie ins Versteck. »Genug geschlafen«, rief Kembal den Kuruzzen zu, »wenn der Posten abgelöst wird, müssen wir schon in einer ganz anderen Gegend sein!« Es zeigte sich, daß das Schulmeisterpaar mit Pferden umzugehen wußte. Der Schmied war trotz seines Gewichts nicht ungewandt. Ihm gaben sie das kräftigste Tier. Sie sattelten, saßen auf, und bald befanden sie sich in gestrecktem Galopp, so daß die Pferdebäuche fast den Boden schrammten.

Sie blieben auf der Straße, weil vorerst nicht an Verfolger zu denken war. Sie fraßen die Meilen nur so: »Auf zur nächsten Garnison, bis zum Morgengrauen müssen wir da sein, denn ohne Geleitbrief sind wir Freiwild!« Und mit dem ersten Tageslicht gingen sie wieder ins Versteck und schliefen sich aus.

»Tut mir wirklich leid«, sagte der Schmied verschlafen, als er die Zigeuner schon zum Aufbruch bereit sah, »tut mir leid, daß ihr wieder die ganze Arbeit allein machen müßt. Aber als Spitzbube habe ich wirklich keine Übung.«

»Du wirst mit deinen Wurstfingern sowieso nie ein ordentlicher Taschenspieler«, meinte Igel vergnügt, aber da hätte ihn der Schmied fast am Kanthaken erwischt. »Halt dich bloß zurück, du Laus, mit meinen Wurstfingern quetsch' ich dir jedes Türschloß zu Brei, und so ungeeignet bin ich als Dieb doch wohl nicht.«

»Dann komm mit in die Stadt«, forderte ihn Kembal auf, »vielleicht brauchen wir dich. Du gehst mit Igel zusammen: ein wandernder Schmied, der Arbeit sucht, und sein Sohn, den er nicht allein zu Haus lassen will — ihr beide vertragt euch ja so gut.«

Kodaly packte seinen Hammer und war schon unterwegs. »He, du Fettwanst«, rief ihm Igel nach, »willst du dein braves Söhnchen allein in der Fremde lassen?«

»Wenn du dir keine anständigen Manieren zulegst, wird dein Papa dir mal ordentlich den Hintern versohlen. Komm jetzt, ich habe noch nie im Leben geklaut. Das wird ein Spaß!«

Milan und Kembal gingen getrennt in die Stadt. Nur kein Aufsehen erregen. Doch wenn der eine irgendwie in die Klemme kam, war der andere immer noch frei, ihm beizustehen. Nach Eintritt der Dunkelheit trafen sie sich laut Verabredung bei der Kirche. Zwei Ämter hatten sie ausgemacht, in denen es mit Sicherheit Amtssiegel gab, das Rathaus und die Kommandantur. Nun war, das hatte Milan herausgefunden, in den Nebenräumen der Kommandantur ein kleines Wachkommando untergebracht. Mit dem Rathaus gab es die Schwierigkeit, daß es zu frei dalag. Auch bei Nacht konnte es Beobachter geben, die Alarm schlugen, wenn jemand versuchte, die

Türen zu sprengen. »Gehen wir doch hintenrum«, schlug Kodaly vor.
»Na ja«, antwortete Kembal, »da führt an der Seite zwar eine enge, unbelebte Gasse am Rathaus vorbei, aber die Fenster sind vergittert — richtige schwere Eisenstangen.«
»Zeig' mal«, sagte der Schmied gemütlich. Er ließ sich zu den vergitterten Fenstern führen, sah sich die Bescherung an und sagte: »Geht ein bißchen beiseite, wenn eine ausbricht, fliegt sie euch um die Ohren.« Dann packte er die beiden mittleren Stangen an. Langsam — langsam — langsam bogen sie sich auseinander. »Für mich könnte das schon reichen«, sagte Igel, »laß mal probieren«, und er schlüpfte geschmeidig wie eine Katze ins Rathaus hinein. »Siegel, Wachs und Schreibzeug«, rief ihm Kembal nach, »und selbstverständlich auch amtliches Schreibpapier!«
Es wurde ein wunderschönes Dokument, vom Schulmeister in edelster Kalligraphie komponiert. Seine Exzellenz, der Generalmajor Rebschnetzer erklärte darin, die berühmte Gauklertruppe »Hungaria« sei auf allerhöchsten Befehl nach Wien beordert, um bei Hofe ihre Künste zu zeigen. Die sechs mit Namen aufgeführten Künstler reisten unter dem Schutz des Geheimen Hof- und Kammerrates Baron Jarosch von Ködenheim. Allen Amts- und Militärpersonen werde anbefohlen, sie ungehindert reisen und ihnen im Bedarfsfalle Schutz und Hilfe angedeihen zu lassen. Es folgte die schwungvolle Unterschrift des Generals Rebschnetzer sowie in fettes, rotes Siegelwachs abgedrückt das pompöse Siegel. Jetzt konnte die Reise erst richtig losgehen.
Sie kamen gut voran. Nachts quartierten sie sich in kleinen Gasthöfen ein, möglichst weit von militärischen Dienststellen, vor denen sie trotz ihres Briefes Respekt hatten. Nahrungssorgen hatten sie vorerst noch nicht, denn der

Arpads Freunde kommen gut voran. Nachts suchen sie sich Quartiere in kleinen Gasthöfen; möglichst weit von militärischen Dienststellen

Stamm hatte ihnen mitgegeben, was er nur entbehren konnte. Einmal führten sie auf einem Dorfplatz ihre Gaukelspiele vor, um Geld für Übernachtungen zu bekommen. Als sie das erste Mal an einer militärischen Straßensperre aufritten, gab es einen kurzen Aufenthalt. »Halt«, sagte der Wachsoldat, »wer treibt sich denn da auf den Straßen herum? Gleich ein ganzes Rudel Zivilisten; mehr als drei dürfen nicht gemeinsam reisen.«
»Kerl, nehm' Er Haltung an, wenn Er mit einer Person von Stande spricht«, näselte der Schulmeister von oben herab. Erst schien er dem Posten zu imponieren, dann bemerkte dieser die abgerissene Kleidung. »Mann von Stande?« fragt er verächtlich.
»Starr' mich nicht an wie ein Ochs, wenn es donnert«, sagte der Schulmeister, »wer auf diesen elenden ungarischen Straßen unterwegs ist, kann nicht mehr aussehen wie ein Höfling. Kann Er wenigstens lesen, oder ist Er so dumm wie Er aussieht?«
Das schien dem Soldaten nun doch zu imponieren. »Natürlich kann ich lesen«, erklärte der Soldat. Dann nahm er den Geleitbrief, den ihm Jarosch Ködenheim, alias Baron Jarosch von Ködenheim, herunterreichte und ging damit in die Wachstube. Eine halbe Minute später schoß ein Hauptmann aus der Wachstube heraus, salutierte und brüllte: »Schlagbaum hoch« und entschuldigte sich. »Verzeihen, Herr Baron, wenn mein Posten geahnt hätte, daß der Baron in allerhöchstem Auftrag . . . «
»Ist schon recht, Hauptmann, der Soldat hat seine Pflicht getan«, und freundlich mit der Hand grüßend ritt er mit seinem Gefolge durch den inzwischen geöffneten Schlagbaum. Dann aber liefen sie wirklich auf: Es war bei einer bewachten Brücke, die sie unbedingt passieren mußten, wenn sie nicht einen Umweg von vielen Meilen in Kauf nehmen wollten. Sie wurden einem Korporal vor-

Vor einer bewachten Brücke werden die Zigeuner und Kuruzzen aufgehalten. Sie wollen keinen Umweg von vielen Meilen in Kauf nehmen

Gebannt starren die Gaukler auf den Korporal, als sie nach ihren Namen gefragt werden

geführt, der die Brückenwache unter sich hatte. »Kann Er nicht lesen, Korporal«, schnarrte der Schulmeister in seiner bewährten Tonlage, aber der Korporal war hartgesotten. »Erst einmal bin ich nicht zum Lesen hier, sondern weil ich die Brücke zu schützen habe, und zweitens dürfen Herr Baron gewiß sein, daß ich viel zu gut lesen kann, um zu glauben, daß alles Geschriebene ein Evangelium ist.«
»Erkennt Er nicht die Unterschrift des Herrn Generalmajor Rebschnetzer?«
»Lesen kann ich sie, aber kennen tu' ich sie nicht, weil ich früher nie eine Unterschrift von ihm gesehen habe. Hier ist nicht mehr Rebschnetzers Befehlsbereich.«
»Was gedenkt Er also zu tun?«
»Ganz einfach«, sagte der Korporal mit breitem Feixen und schaute um Beifall bemüht auf ein paar Soldaten, die neugierig dabeistanden, »ganz einfach, ich werde prüfen, ob alles richtig ist, was hier im Geleitbrief steht. Zuerst einmal die Namen«, und er las im Brief nach, als ihm einer nach dem anderen seinen Namen sagte. Ein Glück, daß der Schulmeister keine falschen Namen verwendet hatte. Nur die Namen der Zigeuner hatte er etwas verändert. Rilana und Igel führten den Familiennamen Weiser, der leicht zu merken war. Kembal und Milan den ebenso leicht zu merkenden Namen Dorner. Wenn sich die Zigeuner an ihren Stammesnamen Weißdorn erinnerten, mußten ihnen ihre angenommenen Familiennamen leicht einfallen. Sie bestanden die Prüfung, nur den Vornamen Igel wollte der Korporal nicht recht schlucken.
»Unsere Mutter war Zigeunerin«, erklärte Rilana vornehm, »Zigeuner lieben solche Namen, aber wir sind in Erdöz aufgewachsen und haben mit Zigeunern weiter nichts zu schaffen.«
»Ist Er nun zufrieden?«
»Nicht ganz«, meinte der Korporal auf diese

Frage des Schulmeisters, »ich muß auch noch prüfen, ob die Herrschaften wirklich Gaukler sind.«
»Und wie gedenkt Er das anzustellen?«
»Sehr einfach, sie werden uns hier eine Vorstellung geben.«
Die lauschenden Soldaten brachen in Begeisterung aus. »Was erlaubt Er sich, Korporal, wenn wir verspätet bei Hofe erscheinen, wird es Ihm schlecht gehen!«
Aber der Korporal wollte seinen Spaß haben. Um ihn brauche sich der Herr Baron keine Sorgen zu machen, versicherte er gelassen. Es sei ohnehin schon zu spät. Man möge also im Ort Quartier für die Nacht beziehen und abends auf dem Marktplatz eine Darbietung geben. Es wohnten keine armen Leute im Ort; wahrscheinlich würde es eine gute Kasse geben. Oh nein, es war diesem gerissenen Burschen nicht beizukommen. Er wollte ein wenig Leben in sein ödes Soldatendasein bringen, und er schaffte es. Die Zustimmung seiner Soldaten war ihm sicher. »Korporal, du bist ein As«, schmeichelte der Schütze Müllersdorf, den sich der Korporal als Putzer hielt.
Sie traten also abends auf. Vorher hatten sie ein Seil gespannt, ein paar alte Töpfe aufgetrieben, ein Scheunentor ausgehängt und auf den Marktplatz geschafft. »Die große Galavorstellung nimmt ihren Anfang«, rief Kembal in die Menge der Gaffer hinein, dann machte er »drei-vier«, und die Musik setzte ein. In diesem Augenblick kletterte Milan aus dem Giebelloch eines Hauses heraus. Die Musik verstummte; Milan lief auf dem vorher gespannten Seil zum Giebel eines anderen Hauses hinüber, wo er in einem Fenster verschwand. Tusch — Beifall — Igel nahm das Tamburin und benützte es als Sammelteller: »Jeder Betrag ist den Künstlern recht. Der Spendenfreudigkeit des verehrten Publikums sind nach oben keine Grenzen gesetzt.«
Die Kuruzzenfrau hatte sich vor das Scheunentor gestellt, kühn aufgerichtet, die Arme ausgebreitet. Kembal nahm seine neun Wurfmesser in die linke Hand und fächerte sie wie ein Kartenspiel. »Wenn du ihr bloß die Haut ankratzt, bring' ich dich um«, murmelte der angstbebende Schulmeister. Kembal beachtete ihn nicht einmal, drehte dem Scheunentor den Rücken zu, fuhr blitzschnell herum, und der erste Dolch saß unmittelbar über Marikas Kopf; das zweite Messer unter der linken Achselhöhle, das dritte Messer unter der rechten folgte, dann die Hüften, die Oberschenkel, die Beine — Kembals Messer schlugen zentimeterbreit neben dem Frauenkörper ein. Atemlosigkeit! Die Kuruzzenfrau löste sich von dem Scheunentor und sank ihrem bebenden Schulmeister in die Arme. Tusch — donnernder Beifall. Igel ging wieder mit seinem Teller rund.
Zuvor hatte er für den Schmied auf einem Holzbalken sechs Tonkrüge aufgestellt. Der Schmied trat zurück, warf seinen Hammer, — der erste Krug zerschellte. Igel brachte den Hammer zurück. Zweiter Wurf, der zweite Krug zerschellte. Igel brachte den Hammer zurück. »Mach gefälligst ein bißchen langsamer, verflucht nochmal, ich kriege ja keine Luft mehr!«
In der Mitte des Platzes hatten sie schon eine Stunde vor Beginn der Vorführung ein großes Feuer gezündet, dessen flackernder Schein die Szene gespenstisch beleuchtete. Während Igel nach der jubelnd aufgenom-

menen Kraftleistung des Schmieds noch eifrig Heller einsammelte, trat Rilana zum Feuer, verneigte sich, und hatte schon Beifall, ehe sie ihren Tanz begonnen hatte. »Mit der möcht' ich mal Abendbrot essen«, flüsterte der Korporal dem Schützen Müllersdorf ins Ohr, und der Müllersdorf flüsterte zurück: »Abendbrot und sonst noch was, aber das Messermadel war a net schlecht.«
Rilana tanzte einen Czardas, der das Publikum zu Begeisterungsstürmen hinriß. Und jetzt gab es einen Zigeunertanz, nach dessen Ende Igel die reichste Ernte dieses Abends halten konnte. »Jetzt haben wir eine Woche keine Geldsorgen mehr«, versicherte er dem Schulmeister, aber der hörte nicht einmal zu.
Denn der Schulmeister von Tokaj hatte andere Sorgen. Nach Rilanas erstem Tanz war ein Soldat zu ihm gekommen und hatte von seinem Korporal ausgerichtet, der Herr Baron möge den beiden Damen der Truppe mitteilen, sie seien von Korporal Degemann zum Abendbrot eingeladen. Der Herr Baron hatte bedauert und dem Korporal ausrichten lassen, es sei den Damen der Truppe verboten, sich von Personen aus dem Publikum einladen zu lassen. Dies sei keine gegen den Herrn Korporal persönlich gerichtete Spitze, sondern in Artistenkreisen ganz allgemein

Rilana ist fest entschlossen, das erwartungsvolle Publikum mit einem feurigen Czardas zu begeistern

der Brauch. Nach wenigen Minuten kam der Schütze Müllersdorf wieder und bestellte, das Abendessen mit den Damen der Truppe sei leider nicht zu vermeiden, weil es der Wahrheitsfindung diene. Leider habe die Vorführung auf dem Markt den Korporal nicht überzeugen können, daß es sich bei der Truppe um echte Artisten handle. Dies nun gedenke er in einer Aussprache mit den beiden Damen zu eruieren. Sollte man ihm dieses ganz selbstverständliche Ansinnen abschlägig bescheiden, dann sehe er sich gezwungen, die Truppe festzuhalten, bis er höheren Orts Befehl eingeholt habe, wie man weiter mit ihr verfahre. Diese ganze Niedertracht war mit vielen Fremdwörtern und verlogenen Floskeln der Kanzleisprache verziert. Der Korporal war kein ungeschickter Sprecher, und der Schütze ein getreues Sprachrohr. Als Rilana ihren zweiten Tanz beendet hatte, nahm sie verwundert wahr, daß der Schmied noch nicht bereitstand, um wie verabredet seinen Entfesselungsakt vorzuführen. Statt dessen standen die Kuruzzen und Zigeuner in einem besorgten Häuflein beisammen — nur Igel sammelte Heller. »Macht doch wenigstens ein bißchen Musik, bis es weitergeht», verlangte Rilana.

»Es geht nicht weiter, Rilana, unsere Reise ist hier zu Ende«, und in knappen Worten teilte man ihr mit, was vorgefallen war. »Zeig mir diesen Korporal«, verlangte Rilana, und der Kuruzz zeigte ihr, wo der Korporal mit seinem Putzer stand. Rilana ging zu ihm. »Bist du der Mann, der mit mir Abendbrot essen will?«

»Der bin ich, mein schönes Kind, hast du etwas dagegen?«

Rilana tritt näher und gibt dem Korporal zu verstehen, daß eine Hexe schon manchen Korporal verzaubert hat

»Was soll ich dagegen haben? Jetzt nach dem Tanz hab' ich richtigen Hunger.«
»Dann sag' mir bloß, warum euer Baron vorhin soviel Schwierigkeiten gemacht hat.«
»Er macht sich Sorgen. Nicht um mich, um dich. Er erlaubt mir niemals, mit einem unserer Gäste allein zu sein. Ich hab' es dir ja vorher schon angedeutet: Ich bin Halbzigeunerin.«
Das mache ihm aber nun schon gar nichts aus, beteuerte der Korporal, a schönes Madel sei halt a schönes Madel, und im Grunde hätte er überhaupt nichts gegen Zigeuner, die so sauber aussähen. Rilana trat einen Schritt näher und flüsterte: »Deswegen hat er ja keine Sorgen, unser Herr Baron, nicht weil ich Halbzigeunerin bin. Aber du weißt doch, daß viele Zigeunerinnen Hexen sind. Er hat Sorgen, weil ich anderen Herren, die mich eingeladen haben, schon manchen bösen Schabernack gespielt habe.«
Das schallende Gelächter des Korporals zog viele Neugierige an. »Lachst du mich aus?« fragte Rilana gekränkt, aber der Korporal schüttelte den Kopf und wischte sich eine Lachträne ab. »Nein, schöne Hexe, ich finde es nur so köstlich. Eine Hexe, eine echte Hexe!« Und er konnte sein Lachen lange nicht bändigen.
»Du hast also keine Angst, mit einer Hexe Abendbrot zu essen; das freut mich.«
Die müßigen Horcher stimmten in das Gelächter des Korporals ein. »Darauf laß' ich es ankommen«, gröhlte dieser, »wahrhaftig, darauf laß' ich es ankommen. Wen glaubst du eigentlich vor dir zu haben? Ich bin ein aufgeklärter Mensch. Ich bin österreichischer Korporal, kein abergläubisches Marktweib!«
Rilana hob wie zu einer prophetischen Geste ihre Hand. »Du glaubst nicht, daß es Hexen gibt, Korporal? Bleib hier noch fünf Minuten stehen; wenn du dann noch mit einer Hexe Abendbrot essen willst, sollst du deinen Willen haben.«
Hoheitsvoll trat Rilana zu Igel, der sich inzwischen zu den Neugierigen gesellt hatte.
»Bruder, leg' das Feuer aus, ich werde tanzen.«
Igels Gesicht verlor alle Farbe. »Nein«, gab er knapp zur Antwort, »nein, du darfst nicht, Rilana!« Sie sah ihn lange an. »Igel, es ist unser einziger Ausweg, und du bist der einzige hier, der mir helfen kann. Milan und Kembal wußten nichts von den Künsten der Schwarzmeer-Zigeuner. Sie haben immer im Norden gelebt. Hol' jetzt deine Peitsche und leg' das Feuer aus.«
»Nein«, sagte Igel wieder. »Mit der Peitsche hab' ich keine Übung mehr, und du hast auch keine Übung mehr, seit wir im Norden leben. Du wirst verbrennen!«
»Dann lege ich selbst das Feuer aus. Geh jetzt und hol' die Peitsche. Du bist mit uns gekommen, um meinen Rom nach Hause zu holen. Was, bist du jetzt feige?«
»Und sag' Kembal, was sie spielen sollen«, rief sie ihm nach. Dann nahm sie vom bereitgelegten Brennholz einen Stock und breitete damit das glühende Holz des Feuers über eine größere Fläche aus. Als Igel zurückkam, hielt er seine Peitsche in der Hand, aber er sagte noch einmal: »Ich kann es nicht, Rilana. Es ist lange her, und damals hab' ich auch bloß zugesehen.«
»Sieh mich an, Igel — nur mich. Dann wirst du es können!«
Sie stellte sich mit dem Rücken zu der ausge-

breiteten Glut und hob beide Hände über den Kopf. »Drei - vier« flüsterte Kembal, und die Musik setzte ein. Rilana hob den linken Fuß, senkte die rechte Hand, zog den linken Schuh aus und warf ihn in die Menge. Dann hob sie den rechten Fuß, senkte die linke Hand, zog den rechten Schuh aus und warf ihn in die Menge. »Igel, die Peitsche!« Aber Igel stand regungslos vor ihr und sah sie nur an. Sie begann, sich rhythmisch zu wiegen, machte kleine Trippelschritte auf der Stelle, und mit ihrer ersten Drehung bewegte sie sich von Igel fort. Igel blickte sie nur immer an und folgte ihr langsam, während sie sich von ihm entfernte. Dann sah man, wie der Rhythmus des Tanzes auch den jungen Zigeuner packte. Tanzend kam er näher an sie heran. War sie vorher nur von ihm fortgetanzt, so konnte man jetzt glauben, er verfolge sie. Plötzlich schnalzte die Peitsche!
Ein Aufschrei der Menge.
Er hatte nach ihrem Gesicht geschlagen.
Aber er hatte sie wohl nicht getroffen, denn Rilana tanzte unbekümmert weiter. Und jetzt wurde die Tanzfigur allen klar: Sie flüchtete vor dem Mann mit der Peitsche, und der Mann versuchte, sie zu schlagen — nein, er schlug sie, aber die Peitsche hinterließ keine Spuren an ihrem Körper, auf den bloßen Armen nicht und nicht auf dem Gesicht. War das alles ein Blendwerk? Ein Trick? Dann war die Täuschung jedenfalls vollkommen.
Die Musik wurde schneller, die Hetze wurde fanatisch. Serien von knallenden Hieben schoß Igel nach seiner tanzenden Schwester ab, trieb sie vor sich her, trieb sie schließlich in die Enge: Sie stand wieder mit dem Rücken zum Feuer. Vor sich die knallende Peitsche, hinter sich die Glut, aber immer noch tanzend. Dann tanzte sie rückwärts mitten in die Glut!
Igel senkte die Peitsche.
Rilana tanzte weiter.
Sie tanzte mit nackten Füßen auf glühenden Kohlen; stand still, wenn die Musik es erlaubte, tanzte weiter, stand wieder still auf glühender Kohle, tanzte weiter . . . sie ließ sich Zeit.
Funkenregen hüllte sie bei jeder Drehung ein. Rilana tanzte weiter. Solange der Peitschenmann sie vor sich her getrieben hatte, waren aus dem Publikum entsetzte Schreie zu hören. Als sie dann in den Bannkreis des Feuers tanzte, kam ein Stöhnen aus hundert Kehlen. Dann herrschte Stille. Die Musik wurde langsamer. Rilana kam aus der Glut heraus, stand sekundenlang da, als müsse sie erst erwachen, strich mit der Hand die Haare aus ihrem Gesicht; dann ging sie geradewegs zum Korporal. »Willst du meine Fußsohlen sehen, Korporal?«
Der Korporal atmete schwer, antwortete jedoch nicht. Rilana blieb schweigend vor ihm stehen. Da wendete er sich ab und verschwand in der Menge. Sein Putzer lief hinterher.
»Wir brechen sofort auf!« sagte Rilana in befehlendem Ton. Der Schulmeister hatte sich noch nicht von dem Schauspiel erholt, bemerkte aber, sie hätten schon Quartier bezogen und es sei mitten in der Nacht. »Wir brechen sofort auf!« wiederholte Rilana, da sagte er nichts mehr.
Später hat keiner mehr mit ihr über den Tanz gesprochen. Aber auf dem nächtlichen Ritt machten sich die anderen an Igel heran und forderten eine Erklärung. War es ein Trick, war es Zauberei oder einfach Augentäuschung?

»Das weiß ich selbst nicht«, erklärte Igel bescheiden, »aber Zigeuner tanzen wirklich im Feuer, sie können es nicht erklären.«
Bei den Schwarzmeer-Zigeunern gehört der Feuertanz zur abendlichen Unterhaltung am Lagerfeuer. Der Stamm, der den Stechapfel liebt, verdient allein mit dem Feuertanz sein Brot.«
»Und erschöpft sie das nicht? — Warum hat sich Rilana nachher nicht ausgeruht? Warum hat sie verlangt, daß wir sofort weiterreiten? Gehört das dazu?«
»Nicht unbedingt«, antwortete der junge Zigeuner, »da unten, wo es nichts Besonderes ist, da setzen sich die Tänzerinnen nachher wieder ans Lagerfeuer und trinken einen Schluck Wein. Aber was glaubt ihr denn, was geschehen wäre, wenn wir im Ort geblieben wären?«
»Wir hätten uns ausgeschlafen und wären erst morgen weitergeritten.«
Igel lächelte, es war voll Hohn und Weisheit. Viel zu alt für seine Jahre sah er aus. »Nein, wir wären nie mehr geritten. Es wäre dem Korporal nach dem ersten Schreck nämlich eingefallen, daß Hexen noch gefährlicher sind als Menschen, die Brücken zerstören. Meine Schwester wäre noch in dieser Nacht abgeholt worden, und wenn sie auch auf glühenden Holzkohlen tanzen kann, auf einem Scheiterhaufen würde sie brennen wie jede andere Hexe!«

Wo der Kaiser wohnt

Der Zigeuner Arpad kam nach Wien und fand sich nicht zurecht. Er kannte die Stadt von früheren Wanderungen, aber in seiner Angelegenheit kam er nicht weiter. Zuerst hatte er sich gedacht, er werde gleich durchreiten zum Haus des Kaisers und ihm seine Sorgen vortragen. Als er dann aber, hoch vom Roß herab, eine Bürgersfrau fragte: »Frau Gevatterin, könnt Ihr mir sagen, wo der Kaiser wohnt?« da starrte die ihn an und begann plötzlich zu schreien: »Hilfe — Hilfe!« Passanten liefen zusammen. Der Zigeuner, der solche Zusammenrottungen schon erlebt hatte und sie gar nicht liebte, machte sich schnell aus dem Staub.

Ein zweites, ein drittes Mal machte er ähnliche Erfahrungen. Was konnte das bedeuten? Wußten selbst die Leute in Wien nicht, wo der Kaiser wohnte? Warum sahen sie ihn so mißtrauisch an, warum wurden sie böse, wenn er nach dem Haus des Kaisers fragte? Er versteckte sein Pferd und ging zu Fuß in die Stadt. Irgendwie mußte sich doch eine Spur finden lassen, die zum Haus des Kaisers führte. Stundenlang folgte er kleinen Rotten kaiserlicher Soldaten. Kaiserliche Soldaten marschierten doch wahrscheinlich zum Haus des Kaisers. Aber meistens kamen sie auf Übungsplätzen oder in Kasernen an. So häßlich wie diese Kasernen konnte das Haus des Kaisers nicht sein.

Er wollte noch einmal fragen, suchte sich dazu einen gut aussehenden, bärtigen Herrn aus, lüftete höflich den Filz und fragte: »Verzeiht, ich suche den Kaiser Leopold. Könnt Ihr mir sagen, wo ich ihn treffen kann?«

Der Bärtige blieb stehen, sah ihn scharf an.

»Kerl, was will Seinesgleichen von Ihrer geheiligten Majestät?«

»Ich habe ihm etwas zu sagen, es ist wichtig!«

»Sagen will Er Seiner Majestät etwas? — Erschießen will Er Sie. Wie? — Ein Spion ist Er auch nicht. Wie? — So ein zerlumptes Individuum, das nicht weiß, wo der Kaiser wohnt, aber es unbedingt erfahren will. Das sollen sich unsere Stadtsoldaten einmal näher ansehen! — Komm' Er mit zur Wache!«

Nun sind auch Stadtsoldaten nicht nach Arpads Geschmack, weshalb er der zweifelhaften Aufforderung nicht folgte. Als Arpad verschwand, hörte er den gut aussehenden Mann noch brüllen: »Haltet ihn — ein Spion!«

Er mied künftig die belebten Straßen, und er hielt sich von gut aussehenden Bürgersleuten fern. In einer Gasse sah er einen Jungen, einen richtigen Straßenjungen, der sich damit die Zeit vertrieb, Steine nach Straßenlaternen

Die Wiener können Arpad nicht sagen, wo der Kaiser wohnt. Aber es muß eine Spur geben, die zum „Haus des Kaisers" führt

zu werfen. Arpad beschloß, einen neuen Ton zu versuchen.
»Lauser, miserabler«, sagte er zu dem Jungen, »an Poldi, wann i's melden tat, der sperrt dich ins Kaschott!«
»Bäh — da Poldi is' weit weg!«
»Da Poldi is' in da Weanerstadt!«
»An Dreck is' a! Um die Zeit fohrt a nach Schönbrunn, draußen ins Jagdschlössel, bäh!«
Der Zigeuner ritt nach Schönbrunn, versteckte wieder sein Pferd und wollte ins Jagdschloß. Am Eingang stand aber in einer buntbemalten Kiste ein Soldat, der ihn scharf anrief.
»Parole?« wollte er wissen.
»Sprecht Ihr hier Französisch?« erkundigte sich der Zigeuner, »ein bißchen Französisch habe ich auch gelernt, aber ich dachte, in Wien kommt man mit Österreichisch durch.«
»Warum treibst du dich hier herum?«
»Ich möchte zum Kaiser, es ist wichtig.«
»Wache raus!« schrie der Soldat. Schon hatten die Soldaten den Zigeuner umzingelt und auf die Wachstube geschleppt. Da wurde er erstmal auf Waffen abgetastet, aber Arpad hatte sich vorgesehen. »Was hast zu suchen dahier im Schlössel?«
»Den Kaiser muß ich sprechen; er weiß nicht, daß Unrecht geschieht, und ich muß . . . «
»So einer bist! Wenn du eine Petition hast, kommst morgens zur Ausfahrt wie jeder anständige Bürger, der eine Petition hat.«
»Aber ich will doch bloß sagen . . .«
»Jetzat schleikst di', oder ich muß Schritte unternehmen!«
Da schlich er sich lieber. Das »Unternehmen von Schritten« war ihm schon in anderen Fällen unbequem geworden. Arpad unternahm dann auch keine Schritte mehr an die-

sem Tag, haute sich bloß noch neben seinen Klepper irgendwo ins Gebüsch und schlief. Aber im nächsten Morgengrauen stand er versteckt an der Auffahrt zum Schloß.
Er konnte ja nicht wissen, zu welcher Zeit der Poldi seine Ausfahrt machte; zu fragen hatte er sich nicht mehr getraut. Stunden wartete er, sah die Wachablösung, sah Lieferanten kommen und gehen, sah zu fortgeschrittener Tageszeit feine Herrschaften in vornehmen Kutschen angekommen und dann, so kurz vor Mittag, kreuzten ein paar Individuen auf, die nicht geradewegs ins Schloß marschierten, sondern sich an der Auffahrt reihten, ein jeder seine Bittschrift in der Hand.
Dann kam der Kaiser! Vorn und hinten seine berittene Leibwache, in der Mitte die Staatskarosse, in der der Kaiser saß — ihm gegenüber der Offizier vom Dienst. Langsam fuhr die Kutsche die Auffahrt hinab, verlangsamte noch etwas, sobald ein Bittsteller an den Schlag trat, und eine Hand reckte sich aus dem Fenster und nahm die Petition entgegen. Ein paarmal hielt die Kutsche auch an, dann wechselte Seine Majestät mit dem Bittsteller einige huldvolle Worte.
Arpad hatte sich als letzter in der Kette eingereiht. Der Kaiser nahte, Arpad trat an den Schlag. »Majestät, es geschieht Unrecht!«
»Ist recht«, sagte der Poldi, »reich' Er mir seine Petition.«
»Unrecht, Majestät!«
»Ist ja recht, ist ja recht.«
»In Ungarn, Majestät!«
»Ja, ja, in Ungarn. Geb' Er sie endlich her, seine Bittschrift. Schau, a Kaiser hat ja seine Zeit a net g'stohln. Wo ist die Bittschrift? — Für meine Kanzlei.«
»Ich kann nicht schreiben, Majestät.«
Da zog der Poldi seine gnädige Hand zurück, schaute in heiligem Zorn seinen Offizier vom Dienst an, der heiligen Zorn zurücksprühte und rief: »Weiter«! Und indem er sich aus dem Wagen beugte, sagte er noch: »Inkommodier' Er nicht seinen Landesherrn, der hat andere Sorgen. Komm' Er wieder, wenn Er schreiben gelernt hat«, und entschwand mit Kutsche und Geleit den Blicken der Bittsteller.
Als Arpad später seiner Romni von dieser Begegnung erzählte, fragte sie begierig: »Wie sieht er aus, der Kaiser?«
»Wie soll ich das beschreiben? Es war viel Gold und Blau — auch ein bißchen Rot.«
»Ich meine doch sein Gesicht. Wie sah er aus?«
»Sein Gesicht?« fragte der Weißdornmann zurück, »ein Gesicht hat er nicht gehabt.«
Er mußte nach dieser mißglückten Audienz an den Schulmeister von Tokaj denken, der ihm etwas Ähnliches vorausgesagt hatte. Wenn Arpad mit seiner Vermutung recht hatte, der Kaiser wisse nicht, was in seinen Ländern vorgehe, dann hatte der Tokajer ebenso recht, wenn er meinte, er wolle es auch nicht wissen. Für seine Kanzlei brauchte er eine Bittschrift. Selbst wenn er schreiben könnte, der Kaiser würde das Schreiben nicht lesen. Dafür hatte er ja seine Rebschnetzer, seine Niederreuther und seine Preller. Und wie die sich mit den Sorgen der Ungarn befaßten, war bekannt.
»Jetzt geh' ich los und such' meinen Freund«, sagte der Weißdornmann leise vor sich hin und saß auf. —
Irgendwo an der Straße — es muß in der Gegend von Györ gewesen sein, fragte plötzlich der Schulmeister seine Leute: »Wo reiten

wir eigentlich hin, kann mir das einer sagen?«
Auf eine solch' dumme Frage war keiner gefaßt. Als sie jedoch zu antworten versuchten, merkten die meisten, daß die Frage gar nicht so dumm war. Nur die unternehmungslustige Kuruzzenfrau Marika rief fröhlich: »Wir reiten mitten hinein in die Höhle des Löwen!«
»Und was tun wir da, weißt du das auch?«
»Da suchen wir zuerst einmal den Zigeuner, der uns einmal zum Essen eingeladen hat. Der Zigeuner Arpad sucht den Fürsten Beketschy, der ihm einmal das Leben gerettet hat. Haben wir erst den Zigeuner gefunden, finden wir auch den Fürsten. Den hauen wir dann heraus, und ab nach Ungarn!«
»Oh, Marika«, stöhnte der Schulmeister, »du machst mir wieder klar, daß ich nur hier bin, weil euer Wahnsinn mich angesteckt hat. Es ist alles so unsinnig, was wir unternehmen. Ich bin nicht sicher, ob wir so gesund nach Hause zurückkommen wie wir fortgeritten sind. Verrat' mir nun doch einmal in Teufels Namen, warum wir in Wien den Zigeuner Arpad treffen sollen.«
»Er wollte doch zum Kaiser«, murmelte Rilana, »und der Kaiser lebt in Wien.«
»Manchmal wenigstens. Aber selbst wenn Arpad bis Wien gekommen ist, selbst wenn er den Kaiser gesehen hat, verlaß' dich drauf, der Kaiser ist gegen jede Berührung mit seinen geliebten Landeskindern abgesichert. Sollte er trotzdem mit dem Kaiser gesprochen haben, und sollte er den Namen Beketschy dabei auch nur laut gedacht haben, dann sitzt er im Gefängnis. Und jetzt noch einmal meine Frage: Wo reiten wir eigentlich hin?«
Keiner gab ihm eine Antwort. Er sprach Rilana an: »Nehmen wir an, er ist bis Wien gekommen — nehmen wir an, er ist noch frei — nehmen wir weiter an, daß er eingesehen hat, ein Gespräch mit dem Kaiser sei sinnlos ... du bist Zigeunerin, und du bist seine Frau; wohin wird er gehen?«
»Dahin, wo er seinen Freund vermutet.«
»Der Fürst ist in Wiener Neustadt, also sparen wir uns das letzte Stück Weg und reiten nach Wiener Neustadt.«
Sie ritten also nur bis Wiener Neustadt, als sie kurz vor der Stadtgrenze eine seltsame Begegnung hatten. Da kam ihnen auf der Landstraße ein Mann entgegen, alt, krumm, ganz schief und verzogen und mit einem Mumiengesicht. Der Mann führte einen Tanzbären an der Leine, und dieser Bär machte auch keinen besonders frischen Eindruck. »Bachtaltu zivis, kirwo rom«, rief Kembal dem Alten zu, und der antwortete: »Guten Tag, Gevatter Zigeuner.«
»Willst du in dieser windigen Zeit mit deinem Bären auf die Reise gehen?« fragte Kembal weiter.
»Nein, Kirwo, ich schick' ihn allein auf die Reise. Ich kann ihn nicht mehr ernähren — und braten, das bring' ich nicht fertig. Ich geh' in den nächsten Wald und schenk' ihm die Freiheit.«
»Das ist ja verbrecherisch«, rief der Schulmeister empört, »man darf hier vor der Stadt keinen Bären frei herumlaufen lassen!«
Der Alte zog seinen Kopf in den abgewetzten Kragen, als er die harte Stimme des Gadscho vernahm. Was sollte er denn mit seinem Liebling anfangen, wenn er ihn nicht braten wollte. Verkaufen, damit andere ihn brieten? Seinen Bären, der für ihn viele Jahre lang das Brot verdient hatte; damals, als man noch auf

Bettelfahrt gehen durfte! Kembal fand den Ausweg. »Jako, schenk' mir deinen Bären. Wir sind Gaukler und können ihn brauchen. Er soll es gut haben bei uns.« Den aufbrausenden Schulmeister hielt er mit einer Handbewegung kurz. »Wir haben nur noch ein kurzes Stück Weg, das schaffen wir auch zu Fuß. Und wenn wir als Gaukler gelten wollen, macht uns der Bär erst glaubwürdig.«

So kam es, daß sie als echte Gauklertruppe in Wiener Neustadt einrückten, in die Stadt, in der sich nach Rilanas Meinung auch Arpad herumtreiben mußte, und in der — dessen war der Schulmeister sicher — Fürst Beketschy im Gefängnis saß.

Sie hatten beide recht: Der Fürst saß in genau derselben Zelle, in der sie den alten Zriny vor seiner Hinrichtung eingesperrt hatten, und Arpad trieb sich in der Nähe des Gefängnisses herum. Noch hatte er nicht die geringste Vorstellung, wo sein Freund wohl stecken konnte. Dabei hatte er nichts unversucht gelassen, in das Gefängnis hineinzukommen. Einmal war er sogar bis in eine Schreibstube vorgedrungen. Er erkundigte sich, ob sie nicht einen Mann brauchten, der jede Arbeit verrichte. Nein, sagten sie ihm dort, es sei nichts frei. Sogar einen Henker, der ja so schwer zu finden sei, hätten sie schon.

»Henker?« murmelte Arpad, »ich hab' mal einen Henker gekannt. Er war mein bester Freund. Ich möchte gar zu gern einmal Henker sein . . .« Der Beamte hinter dem Schreibtisch schüttelte sich. Menschen gibts, mag er sich gedacht haben. Dann schickte er das widerliche Subjekt, das so gerne Henker sein wollte, hinaus. »Komm wieder, wenn du hörst, daß der alte Henker gestorben ist.«

Und Arpad ging nachdenklich weg.

»Henker«, flüsterte er vor sich hin, »Henker müßte man sein! Henker in Wiener Neustadt, das wäre ein Beruf!«

Die Gaukler, besonders aber Rilana, freuen sich sehr, als sie Arpad endlich nach langem Suchen finden

Arpad und Rilana haben sich ihre Hochzeitsreise anders vorgestellt. In einer abgelegenen Straße muß das Paar übernachten

Arpad verdingte sich in der Nähe des Gefängnisses als »Mädchen für alles« und Nachtwächter. Sie zahlten ihm fast nichts, es reichte für eine Mahlzeit am Tag, dafür durfte er aber nachts in einem Lagerhaus auf dem blanken Fußboden schlafen. Tagsüber, während der Arbeit, hatte er dann Gelegenheit, das Gefängnis ständig zu beobachten. Das blieb übrigens nicht ohne Folgen: Es war einem der Herren Offiziere des Wachkommandos aufgefallen, daß sich da schon seit vielen Tagen eine verlumpte Gestalt in der Nähe des Gefängnisses herumtrieb, die immer zur Stelle war, wenn aus irgendeinem Grund das Tor geöffnet werden mußte, und die sehr scharf die Gefangenentransporte beobachtete. Eines Tages schnappte er sich den Burschen,um ihn zur Rede zu stellen. In Arpads Hirn begann es zu flackern: War das die Gelegenheit, auf die er gelauert hatte? — Sich verdächtig machen und einsperren lassen, dann wäre man doch wenigstens drin im Gefängnis! Aber dann verwarf er den Gedanken wieder.
Wie sollte er den Fürsten ausfindig machen, wenn er in einer Zelle festsaß? Fieberhaft grübelte er nach einer Ausrede, mit der sich sein auffälliges Benehmen erklären ließ...
... Da sah er sie kommen!
Voran der Schmied von Jankatsch, der seinen wuchtigen Hammer wie einen Tambourmajorstab schwang. Dahinter Kembal mit dem Bären, der frei lief, so daß Kembal zugleich die Geige spielen konnte. Es folgte Igel mit einer Gitarre, die tänzelnde Rilana mit dem Tamburin, dahinter wieder ein Geiger, nämlich Milan. Den Abschluß bildete das Kuruzzenpaar aus Tokaj: sie mit einer Laute, er mit einer selbstgemachten Trommel.
»Verzeiht Herr Offizier, wenn ich durch mein Verhalten Euren Verdacht erregt habe.
Ich war an diesem Platz mit meiner Truppe verabredet. Wir sind fahrende Gaukler, wie

Ihr seht. Besucht uns bei unserer ersten Aufführung, Ihr werdet mein Ehrengast sein«, und seiner Truppe, die in aller Öffentlichkeit Einzug in Wiener Neustadt hielt, rief Arpad entgegen: »Wo bleibt ihr denn, ich warte hier schon eine Woche auf euch!«
Die Gaukler hörten seine Stimme, sie sahen ihn bei einem Offizier stehen, und sie nahmen sich zusammen. »Ich darf mich empfehlen, Herr Offizier«, sagte der Zigeuner vornehm, trat vor den kleinen Musikzug, machte einen Handstand und marschierte seiner Truppe auf den Händen voraus.
Sie gingen schnell und immer schneller, sie mußten sich beeilen, denn sie konnten sich das Lachen kaum verbeißen.
In einer abgelegenen Straße verkrochen sie sich auf einem unbebauten Grundstück hinter Holunderbüschen und verloren völlig jede Haltung. Sie umarmten sich, sie schrien auf. Als Marika wieder Luft hatte, stellte sie sich vor ihren Schulmeister und sagte feierlich: »Jarosch Ködenheim, du bist wahrlich der Größte. Kein anderer Kerl auf Gottes weitem Erdboden hätte mir diese Reise nach Wien bieten können! Laß dich küssen, alter Knurrhahn, und wenn wir wirklich Blödsinn gemacht haben, wie du immer noch behauptest — es war ein herrlicher Blödsinn!«
Arpad und Rilana besannen sich, daß dies ja eigentlich ihre Hochzeitsreise sei, und sie hatten sich hinterm Holunderbusch viel zu sagen . . .
Und wie das nach einer solchen Strapaze kaum anders zu erwarten war, schlief die ganze Bande bald ein. Als Rilana als erste erwachte, wurde es schon Abend. Sie weckte ihren Rom und fragte: »Weißt du schon, in welcher Zelle er sitzt?«
Das brachte die Freunde wieder zu sich. Sie setzten sich zusammen und berieten, was zu tun sei. »Zurückreiten«, stellte Ködenheim lakonisch fest, »oder sollen wir acht das Gefängnis stürmen?«
Laszlo sagte: »Mann, jetzt bin ich hier, und mein Jungherr sitzt hundert Meter weiter im Loch. Mich kriegst du hier nicht mehr weg.«
Auch Marika war für's Bleiben, und sie behauptete auch noch, im Grunde wäre ihr alter Knurrhahn ganz verrückt darauf, das Gefängnis zu stürmen. Er bilde sich nur ein, er müsse immer vernünftiges Zeug reden, deshalb rede er solche Dummheiten.
Die vier Zigeuner, die Arpad nachgeritten waren, befanden sich am Ziel, und ihnen war gleichgültig, wie es weiterging. Rilana war es aber klar, daß sie Arpad ohne seinen Freund, den Fürsten, nicht zurückholen konnte. »Hast du einen Plan?« fragte sie.
»Keinen Plan — ich weiß nur, daß einer von uns da hinein muß, sonst geht es nicht weiter. Igel, hast du deine Schleuder mit?«
»Meine allerbeste!«
Der Schulmeister wollte wissen, wieso denn einer von ihnen ins Loch müßte. Dann hätten sie zwei zu befreien und einen weniger beim Stürmen, wo da die Logik zu finden sei.
»Ganz einfach, wer drin ist, kann vielleicht Verbindung mit Beketschy aufnehmen. Die anderen könnten ihm von außen behilflich sein. Erst so kann man zu einem vernünftigen Plan kommen.«
Nein, das war für die Logik des Schulmeisters zu hoch. Vor allem war ihm absolut schleierhaft, wie man von außen den Mann da drinnen unterstützen könnte.

Rilana ist traurig, denn sie weiß, Arpad läßt seinen Freund, den Fürsten von Beketschy, nicht im Stich

»Mit Geld natürlich!«
»Und woher kriegen wir Geld?«
»Das beschafft uns der Schulmeister von Tokaj, wenn er den Zigeuner Arpad an die Österreicher ausliefert. Hundert Taler, aber alte Währung, wird er dafür kassieren.«
Marika wurde sauer. Ihr Jarosch sei kein Verräter, stellte sie fest, und er werde auch nie ein Verräter sein, dafür würde sie sorgen.
Arpad redete ihr zu wie einer kranken Kuh. Es paßte ihr einfach nicht, daß Jarosch die Rolle des Verräters übernehmen sollte. »Aber er ist doch der Klügste von uns«, meinte Kodaly, »Marika, wir brauchen deinen Mann, weil er klug zu antworten versteht. Und er holt auch die Taler heraus. Stell dir vor, ich, der Schmied Laszlo Kodaly, bringt den Österreichern den Zigeuner Arpad, und sie fragen mich, wie ich es denn angestellt habe, den Verbrecher zu entlarven. Mich lachen sie doch aus, mir glaubt doch kein Mensch.«
In der Sorge um seinen Jungherrn hatte er für Marika die rechten Worte gefunden, und sie war überzeugt.
Am nächsten Morgen erschienen beim Stadtkommandanten seltsame Figuren: Ein zartgliedriger Schulmeister mit durchgeistigtem Gesicht, ein braungebrannter, schlitzohriger Zigeuner und ein Bär. »Den Bären nehm' ich mit«, hatte Arpad erklärt, »so ein freundliches Tierchen kann manchmal recht nützlich sein.«
Der Schulmeister spielte, soweit es die Verhältnisse erlaubten, mit offenen Karten. Er sei Lehrer aus Ungarn, berichtete er, und als solcher habe er von den Verbrechen der Verschwörer Beketschy und Arpad vom Weißdorn beste Kenntnis. Er sei sogar Zeuge gewesen, als sie seinerzeit in Erdöz seine Exzellenz, den Herrn Generalmajor Rebschnetzer, hereinlegten. Während eines Besuchs bei seinem Vetter in Wiener Neustadt habe

er nun zufällig den Zigeuner wiedererkannt, habe ihn zum Wein mit nach Hause genommen, und im Suff habe der Zigeuner alles über die große Verschwörung der Kuruzzen zum Besten gegeben. Später, völlig berauscht, sei Arpad eingeschlafen, und er habe ihm die Hände gefesselt — da bitte, sie seien immer noch gefesselt.
Dem Kommandanten schien die Erzählung trotz aller Logik ziemlich unwahrscheinlich.
»Warum«, fragte der Schulmeister, »ist es denn nicht selbstverständlich, daß er versuchen wird, seinen Kumpan Beketschy aus dem Gefängnis zu holen?«
»Woher wißt Ihr, daß der Fürst in Wiener Neustadt einsitzt?«
»Der Zigeuner hat es gewußt, im Suff hat er es mir erzählt.«
Das machte den Kommandanten nachdenklich. »Aber trotzdem«, sagte er, »ich kann nicht glauben, daß dieses jämmerliche Kerlchen der berüchtigte Zigeuner Arpad sein soll.«
Da wurde der Zigeuner wach. Plötzlich hatte er die Hände frei, stemmte die Fäuste in die

Die Meinungen gehen zunächst auseinander, wie man den Fürsten aus dem Gefängnis befreien könne. Die Freunde wollen das scharf bewachte Verlies stürmen, während es Arpad mit einer List versuchen will ▶

Dem Stadtkommandanten erscheint die Erzählung der Gaukler, trotz allem, unwahrscheinlich. Ein Gerichtsbeamter wird gerufen, der die Vorgänge in Ungarn kennt

Hüften und sagte: »Du willst mir einen ehrlichen Namen stehlen, Kommandant? — Ich laß mich von Euch nicht gerne hängen, aber der Zigeuner Arpad bin ich, und sonst keiner. Ich werde es dir sofort beweisen!«
Dann zerlegte er die Kommandantur in ihre Bestandteile: Erst spritzte der schwere Schreibtisch an die Decke, Stühle zerknickten, Regale stürzten von der Wand, Berge von Akten verloren in einem wüsten Durcheinander am Boden ihr gewichtiges Aussehen, der Kronleuchter kam herunter, die Vorhänge, das zierliche Glasschränkchen mit wertvollen Nippes knallte gegen die Wand — längst hatte der Kommandant nach den Stadtsoldaten gerufen. Die Soldaten stürzten herein und warfen sich über den Berserker. Drei von ihnen schickte er zu Boden, dann hingen ihrer sechs an ihm, und er gab auf. »Jetzt könnt ihr mich ruhig loslassen«, meinte er zufrieden, »wenn euer Oberschreier da mir endlich glaubt, daß ich der Weißdornzigeuner Arpad bin, hör' ich auf.«
Der Schulmeister von Tokaj aber hatte die ganze Zeit dabeigestanden und seine wahnsinnig juckenden Finger beruhigt. Mit unbeweglichem Gesicht sah er zu, wie Arpad das Amtszimmer eines Militärbeamten verwüstete — sein Gesicht blieb kühl, aber sein Herz freute sich.
Ein Gerichtsbeamter wurde herbeizitiert, der über die Vorgänge in Ungarn unterrichtet war. Er stellte mit Arpad ein kurzes Verhör an, dann war seine Identität gesichert. Arpad wurde abgeführt. Ein Rudel von Stadtsoldaten mit aufgepflanztem Bajonett begleitete den Gefangenen.
Dem Schulmeister von Tokaj stellte man eine Anweisung über hundert Taler aus. »Glockentaler«, bemerkte er korrigierend, als der Schreiber einfach nur »Taler« schreiben wollte. »Verzeiht mir den bescheidenen Einwand, aber wir Schulmeister haben alle denselben Charakterfehler: Wir können lesen.«

Das Henkerspiel

Seit Arpads Gefangennahme drehten seine Freunde Runden um das Gefängnis:unauffällig wie Spaziergänger oder harmlose Bürger, die ihren Geschäften nachgingen. Am nächsten Morgen reckten sich aus einem der hochliegenden Gitterfenster an der Nordseite zwei Hände. Da war also Arpads Zelle. Von jetzt an brauchte nur noch einer da unten zu stehen und auf Zeichen zu warten. Für alle Fälle schoß Igel mit seiner Schleuder ein Stück Holzkohle in die Zelle, das mit einem hellen Tuchfetzen umwickelt war. »Die Poststation ist eröffnet«, sagte Igel zufrieden.
Dann bereiteten die Freunde ihren ersten Auftritt vor, denn Gaukler, die nicht gaukeln, machen sich verdächtig. Mitten in ihren Vorbereitungen kam der Schmied angerannt, der gerade vor dem Gefängnis lauerte, und brachte den Fetzen an, den Igel in die Zelle geschossen hatte. Auf dem Stoff waren mit Holzkohle allerlei Kritzeleien gemalt, und weil der Schmied den Schulmeister für den klügsten Kopf hielt, fragte er: »Kannst du mir sagen, was er damit will?« Nun war der Lehrer zwar wirklich ein kluger Mann, aber doch nicht unbescheiden. Er wußte, daß dieser Brief nicht an ihn gerichtet war. »Milan, Post ist gekommen.«
Milan nahm den Lappen in die Hand: Ein paar Kringel waren drauf — große Kringel, kleine Kringel . . . nein, von den großen Kreisen gab es nur einen, aber vier oder fünf kleine. Anscheinend war dem Schreiber die Arbeit zu langweilig geworden, und er hatte schließlich bloß noch ein paar Schnörkel fertiggebracht. »Er will einen Taler haben und dazu eine Menge Kleingeld«, erläuterte Milan, »Was er damit wohl vor hat?«
»Warum nicht viele Taler und nur ein bißchen Wechselgeld? Damit kann er doch mehr anfangen. Sein Kopf hat uns immerhin hundert Taler eingebracht.«
»Das ist seine Sache, Schulmeister. Wenn er einen Taler und Kleingeld verlangt, kriegt er einen Taler und Kleingeld. Meine Post arbeitet genau.« Mit diesen Worten ließ sich Milan vom Schulmeister einen Taler aushändigen. Kleingeld hatte er noch vom Sammeln in der Tasche. Bei anbrechender Dämmerung schlich er sich zum Gefängnis, um seinem Schwager die geforderte Summe Stück für Stück in das Zellenfenster zu schleudern.
Viel Geld wollte Arpad auf keinen Fall besitzen, für den Fall, daß er wieder einmal durchsucht würde wie bei der Einlieferung ins Gefängnis. Mit dem Taler hatte es eine besondere Bewandtnis: Als der Wärter den Zigeuner in eine Zelle führte, und als er dort

mäkelnd gegen den Strohsack trat, der so zerlegen war, daß er bloß noch Staub und ein bißchen Häcksel enthielt, und nörgelte, er habe schon in besseren Hotels übernachtet, schnappte der Wärter fast über. Was er sich einbilde, ausgerechnet ein Zigeuner verlange Sonderbehandlung. Dabei sei es schon »a Schmäh und a Schand«, daß man ihn in diese Abteilung gelegt habe. »Bei mir gibt's bloß feine Herrschaften, die wo an Prozeß am Hofg'richt kriegen und köpft werden. Zigeuner werden gehenkt, was sucht so a windiges Bürschel in meiner vornehmen Abteilung?«

»Wie du willst«, meinte Arpad lässig, »den Schaden trägst du selbst!«

»Werd' ich Schaden ham von an lausigen Zigeiner!«

»Verlaß dich drauf! Oder kennst du nicht die Geschichte von der Müllerstochter, die aus Stroh Geld machen konnte. Ich bin Zigeuner, weißt du, aber mit diesem Häcksel krieg' ich höchstens ein paar lumpige Heller zusammen.«

Der Wärter sah verblüfft hoch. »Spinnen a no«, sagte er dann, »erscht die falsche Abteilung und dann noch spinnen!«

»Ganz recht, genau wie die Müllerstochter!«

Der Wärter knallte die Türe zu.

Als er am anderen Morgen ziemlich spät — denn für Spinner hatte er wenig übrig — in Arpads Zelle kam, lag am Boden ein blanker Taler und willkürlich drumherum verstreut eine Handvoll Kleingeld. »Entschuldige«, röchelte der Zigeuner unter einem gesunden Gähnen hervor, »ich konnte nicht schlafen, da hab' ich ein bißchen gesponnen. Aber ich hatte es dir ja vorher gesagt, mit diesem Dreck da im Strohsack ist kein Staat zu machen. Einen einzigen guterhaltenen Strohhalm hab' ich gefunden, das ist der Taler da.«

Eine Minute später hatte Arpad einen dicken, fest gestopften Strohsack in seiner Zelle. Er legte sich probeweise hin, grunzte zufrieden und schien sofort einzuschlafen. Der Wärter drückte sich noch in der Zelle herum. »Sag ehrlich Zigeuner, kannst du wirklich Geld machen?« brachte er schließlich heraus.

»Laß mich jetzt schlafen, es strengt an, das Geldmachen, erst recht bei eurer schlechten Verpflegung.«

Wenn das ein Hindernis wäre, meinte der Wärter eifrig, da könne er leicht Abhilfe schaffen. »A Zusatzmenasch, a bisserl an Wein und a warmes Plaid auf d'Nacht könnt' ich schon beschaffen. Aber kosten täts halt«, und er machte die Geste des Geldzählens.

»Da mach dir keine großen Hoffnungen; mehr als drei, vier Taler schaff' ich sowieso nicht.«

»Pro Nacht?«

»Denkst du vielleicht im Jahr? — Wovon sollte ein Zigeuner denn leben, wenn er im Jahr ganze drei Taler schafft?«

Arpad bekam seine »Zusatzmenasch«, er bekam seinen Krug Wein und eine warme Decke für die Nacht. Der Wärter wurde recht zutraulich und hätte gern ein bißchen geplaudert. Wie das denn nun zusammenhinge, wollte er wissen, daß sie einen Zigeuner in seine Abteilung gelegt hätten, wo es doch nur vornehme Herren gebe, »die, wo köpft wern.«

»Vielleicht wollen sie mich köpfen.«

»Geh, a Zigeiner ist ka Politischer nicht. Sowas wird wegen Diebstahl und Landstreicherei aufknüpft, basta!«

»Und bei dir gibt's lauter Politische? Sicher alles berühmte Herrn?«
Da könnt er schon recht haben, bestätigte der Wärter. Er sei im Grunde an den Umgang mit Zigeunern und solchem »G'schwerl« nicht gewöhnt. Sein vornehmster Gefangener sei im Augenblick ein gewisser Fürst Beketschy, »a Ungarischer, drei Zellen weiter. Aber a Geizhals a g'scherter wie die meisten, von denen die a Geld ham.« Da hätte es sich doch nun endgültig herausgestellt, fuhr er fort, daß sie den Beketschy in den nächsten Tagen köpfen würden, und beim Köpfen, da könnten auch so einem Herrn seine schönen Stiefel nichts mehr nützen.
»Stiefel« sagte Arpad leichthin, »meine nimm nur gleich mit. Wenn die mich köpfen, was fang ich damit an?«
Das sei nun mal die richtige Gesinnung, bestätigte ihm der Wärter. Da könnte man sehen, daß es nicht immer die feinen Herrn wären, die sich am feinsten benähmen. »Aber es muß ein erhebendes Gefühl sein«, flüsterte träumerisch der Zigeuner, »einmal einen echten Fürsten zu sehen, und mit ihm sprechen zu dürfen.«
»Das stimmt! Die Manieren, und a gehobene Ansprach kannst haben mit denen.«
»Einmal noch — wenn sie mich hier schon köpfen — ein einziges Mal in meinem Leben mit so einem Herrn eine gehobene Ansprach haben. Mann, das könnt' einen schon über vieles wegtrösten.«
Verschlagen sah der Wärter den Zigeuner an, schielte zu dem Geld und meinte, es sei vieles möglich in einem Gefängnis, wovon sich die leitenden Herrn nichts träumen ließen.
Denn sie seien ja nicht hier erschienen, höchstens mal zu einer besonderen Hinrichtung oder zur halbjährigen Inspektion. Im übrigen habe die gehobene Beamtenschaft am meisten Verständnis für die Nöte und

Die hohen Beamten kommen selten zur Inspektion in das Gefängnis

besonderen Wünsche der Gefangenen.
Mit einem schmierigen Lächeln ging der Wärter hinaus, kam aber gleich wieder herein und sagte, er hätte noch etwas vergessen: den Bären!
Als nämlich die Stadtsoldaten Arpad aus der Kommandantur abgeführt hatten, der Kommandant die Verwüstungen besichtigte und der Schulmeister noch auf seine Belohnung wartete, hatte sich plötzlich in einer Ecke ein riesiges Untier aufgerichtet und war mit lautem, gefährlichem Brummen näher gekommen. »Auch das noch«, schrie der Kommandant, »schafft mir bloß das Untier dieses Zigeuners vom Hals«, und so brachten die Stadtsoldaten auch noch den Bären ins Gefängnis. Allerdings gab es Schwierigkeiten bei der Einlieferung, weil die Wache behauptete, das Gefängnis sei kein Tierpark, und sie seien nicht als Tierpfleger ausgebildet.
Aber wohin mit dem Koloß? Die Direktion mischte sich ein, es gab Verhandlungen mit dem Stadtkommandanten, und weil man in Wiener Neustadt absolut keine Möglichkeit hatte, einen Bären unterzubringen, wurde schließlich beschlossen, das Tier im Gefängnishof anzuketten. Dreimal täglich solle der Zigeuner nach unten geführt werden, um seinen Bären zu versorgen.
Das also hatte der Wärter vor lauter Geldgier vergessen, und als er sein Versäumnis jetzt nachholte, meinte Arpad vergnügt: »Fein, dann geh' ich jetzt ein bißchen mit meinem lieben Orso spielen.«
Am anderen Morgen fand der Wärter auf dem Boden von Arpads Zelle vier blanke Glockentaler — alte Glocken, wohlgemerkt! — und seitdem war Arpad sein Ehrengast.
Die Gaukler hatten auf einem brachliegenden Grundstück an zwei aufeinanderfolgenden Tagen ihre Künste vorgeführt und hübsche Erträge erzielt. Als sie am Abend des zweiten Tages ihre Requisiten zusammenpackten, stand unvermittelt eine vornehme Dame auf ihrem Platz. Sie machte einen etwas verlegenen Eindruck, trat aber schließlich auf Kembal zu und fragte ihn: »Seid Ihr vom Weißdorn?«
Die Zigeuner, die zufällig mithörten, erstarrten. Was wußte man hier vom Weißdorn? War man ihnen schon auf der Spur? Kembal sagte ausweichend, »ich bin aus Ungarn, Madam.« Darauf fragte sie Milan. »Kennt Ihr den Weißdorn?«
Milan war die pure Unschuld. »Weißdorn?« fragte er, »ich glaube die Hecke da ist aus Weißdorn, aber ganz sicher . . .« Die Dame drehte sich um und wollte fortgehen, da stürzte ein Menschenberg auf sie zu, sank vor ihr in die Knie und versuchte ihre Hand zu küssen. »Prinzessin Helene«, flüsterte der Schmied, »Herrin, Ihr seid hier?«
Zuerst war die Dame erschrocken zurückgetreten, dann entzog sie ihm die Hand, die er küssen wollte, legte sie auf sein Haar, und ihre bebende Stimme war kaum zu hören: »Laszlo Kodaly, alter, treuer Laszlo, wie glücklich ich bin, dich zu sehen . . . aber wie kommst du hierher?«
»Ich gehöre dahin, wo mein Jungherr ist, Prinzessin!«
»Das ist unglaublich, ich hätte nicht gedacht, daß man so einfach reisen kann in dieser Zeit. Aber auch dieser Mann erzählte mir, er komme aus Ungarn«, und sie deutete auf Kembal, der jetzt wie alle übrigen ver-

trauensvoll nähergetreten war. »Ob es wohl eine Möglichkeit gibt, einem ungarischen Zigeuner namens Arpad eine Botschaft zukommen zu lassen?«
»Dafür ist meine Post da!« Igel drängte sich vor. »Muß es heut' abend noch sein, oder genügt es, wenn er die Botschaft erst morgen früh bekommt?«
Die Prinzessin schüttelte verständnislos den Kopf: »Es geht um eine ernste Angelegenheit, ich möchte nicht damit scherzen.«
»Aber er scherzt nicht, Herrin, wenn Ihr eine Botschaft habt, gebt sie ihm, und er gibt sie heut' oder morgen früh an Arpad weiter«, erklärte Kodaly.
»Ist dieser Arpad in Wiener Neustadt?«
»Aber gewiß, unser Schulmeister da hat ihn doch persönlich ins Gefängnis eingeliefert!«
Die Prinzessin erbleichte. »Ins Gefängnis? — Habt ihr denn nicht gewußt, daß er ein Freund meines Bruders ist?«
»Aber gewiß hat er das gewußt, drum hat er ihn ja ins Gefängnis gebracht.«
Die Gaukler mußten der Prinzessin die Sache genau erklären. Erschüttert hörte sie zu. »Das ist alles so tapfer, und doch auch so sinnlos«, meinte sie zum Schluß, und sie erzählte, daß ihr Bruder schon verurteilt sei. General Rebschnetzer war eigens aus Ungarn als Zeuge des Aufstands herbeordert worden, und Franz hatte keine Sekunde geleugnet, daß er beabsichtige, die kaiserlichen Truppen mit Waffengewalt aus Ungarn zu vertreiben. Ihr hatte man nicht erlaubt, den Fürsten zu sehen, aber Pater Hieronymus, ein entfernter Verwandter, mache Dienst als Gefängnisgeistlicher. Er hatte Beketschys Abschiedsbriefe aus dem Gefängnis geschmuggelt, darunter einen Brief an einen gewissen Arpad vom Stamm der Weißdornleute. Sie habe angenommen, durch fahrende Leute könne sie am besten Verbindung mit ihm aufnehmen, und so habe sie den guten alten Laszlo wiedergefunden.
Und während sie da ergeben von Abschied und Urteil sprachen, schritt der Zigeuner Arpad fröhlich pfeifend durch die Gefängnisgänge und hinunter in den Hof, um seinem Orso das Abendbrot zu bringen. Arpad durfte sich frei bewegen, weil die Wärter glaubten, daß er harmlos war und nicht an Ausbruch dachte. Was sollte da auch dreimal täglich ein Posten hinter ihm herrennen, wenn er zu seinem Bären mußte. Die Flucht aus Wiener Neustadt schien ohnehin aussichtslos. Diesem drolligen Spaßmacher sollte gelingen, was bisher noch keinem gelungen war? Unmöglich! Also sparten sich die Wärter die Mühe und ließen den Gefangenen frei laufen.
Arpad fütterte sein Tier, dann löste er die Kette vom Pflock und führte Orso im Gefängnishof herum. So ein Tier braucht Bewegung, sonst wird es bösartig. Als er wieder nach oben ging, kam ihm sein Wärter entgegen. »Fleißig warst grad net auf d'Nacht; ganze zwei Taler, wannst viere a schaffen kannst.«
»Ja, ich hab' gut geschlafen diese Nacht. Aber wenn ich endlich einmal mit einem echten Fürsten sprechen darf, dann werde ich fleißig sein. Sechs Taler, echte Glocken, morgen früh sollst du sie haben!«
»Die Gelegenheit wär grad net schlecht«, murmelte der Wärter und blickte sich um, ob sonst einer vom Gefängnispersonal in der

Nähe sei. »Komm, ich riskier's!«
Der Fürst saß auf seiner Pritsche und grübelte vor sich hin. »Laß mich endlich in Ruhe«, sagte er, als die Türe der Zelle aufging, »ich hab' dir gesagt, daß ich in meinen Stiefeln zur Hinrichtung gehen will. Du kannst sie mir ausziehen, wenn ich tot bin.«
»Aber ich will deine Stiefel nicht, Fürst, die sind mir viel zu groß.«
Die Stimme riß den Fürsten von der Pritsche hoch. »Bist du es wirklich, Arpad? Hab' ich dich also auch mit hineingezogen?«
»Der Zigeuner Arpad läßt sich nicht ziehen, Fürst. Er geht dahin, wohin er selbst gehen will.« Er trat näher, und beide Männer packten einander an der Schulter. »Mein Freund, das hättest du nicht tun dürfen. Mir hilft keiner mehr, es sei denn, er hätte Flügel und könnte mich durch die Luft entführen.«
»Oder unterirdisch wie ein Maulwurf. Entführer haben oft seltsame Gewohnheiten. Aber nun laß dich anschauen, und laß dir Grüße sagen von deinem alten Laszlo, der unten auf dich wartet.«
»Laszlo ist hier?«
»Laszlo ist hier, Rilana ist hier und läßt dich unbekannterweise grüßen. Meine Freunde vom Weißdorn sind hier, Kuruzzen sind hier ...«
»Hör auf, ich will das nicht hören. Ich verbiete hiermit jedes Gewaltunternehmen. Es genügt, wenn sie mich umbringen. Ein Versuch, mich hier herauszuholen, bringt euch allen den Tod.«
Der Zigeuner grinste. »Bravo Fürst, verbiete nur fleißig; du bist ein großer Herr, und du darfst befehlen. Du könntest sogar durchsetzen, daß sie dir den Kopf abschlagen. Aber diesmal hast du Pech. Mir hast du nichts zu befehlen. Ich bin ein freier Zigeuner. Befehle nehm' ich nur an vom guten Dewel — vom guten Dewel und — naja, vielleicht auch noch

Heimlich können sich die Freunde im Gefängnis beraten. Arpad hat einen gefährlichen Plan, den Fürsten zu befreien

von Rilana.«
»Und dein guter Geist und deine Rilana, haben die nicht so viel Verstand, dir abzuraten?«
Der Zigeuner kratzte sich hinterm Ohr.
»Wenn ich die Wahrheit sagen soll, Fürst: Diesmal hab' ich ganz vergessen, die beiden zu fragen.«
Morgens fand der Wärter sechs blanke Glockentaler in Arpads Zelle, und zum Dank berichtete er die große Neuigkeit, der Tag der Hinrichtung sei nun festgesetzt. In drei Tagen werde von Beketschy einen Kopf kürzer gemacht. Es werde sehr feierlich sein. All die hohen Gerichtsbeamten, der Herr Generalmajor Rebschnetzer und seine Offiziere würden dabei sein.
Der Wärter war aufrichtig begeistert, und der Zigeuner ließ sich den Vorgang der Hinrichtung bis in jede Einzelheit schildern: Wie Henker und Priester gemeinsam den Delinquenten aus der Zelle abholen und ihn in den Hof führen, wie dort schon das Begleitkommando wartet, der Trommler vorneweg, wie sie dann zum Hinrichtungsplatz marschieren, ganz langsam, tomm, tomm, tomm, und dann der Henker den Kopf des Delinquenten auf den Gerichtsblock drückt und . . . «
»Herrlich!« rief der Zigeuner, »schade, daß

Während die Wärter glauben, Arpad führe den Bären herum, erkundet er die unterirdischen Gänge des Gefängnisses

ich es bloß ein einziges Mal erleben darf, wenn ich selbst . . . übrigens, was ist der Henker für ein Mensch?«
»Vornehm, vornehm, a feiner Mensch!«
»Nicht grausam?«
»Aber garnet!« versicherte der Wärter. »Der macht schnell, daß er net lang zu leiden hat, der Delinquent. Der schlagt zu! Zwei drei Hieb — und da Kopf is ab — höchstens vier, wann er mal net so gut beisamm' ist.«
»Wie lustig«, rief der Zigeuner und faßte nach seinem Hals, »schon mit vier Hieben ist der Kopf ab. Da kann mir ja eigentlich nicht viel passieren, was? Kann man den Henker vor der Hinrichtung einmal sprechen? Ich meine vorher . . . man möchte den Mann doch einmal näher kennenlernen, der einen schon mit drei vier Hieben . . . «
»Schwer — sehr schwer, a so a feiner Mann red' net mit jedem.«
»Ist der so reich?«
Da wurde der Wärter hellhörig. Er ließ sich erzählen, mit Nachtschicht könne man ein ganz nettes Silberhäuflein zusammenbringen, und für eine Unterredung mit so einem feinen Henker würde der Zigeuner gern ein oder zwei Nachtschichten einlegen. Natürlich sollte der Henker nicht das ganze Silber bekommen; halbe-halbe für Henker und Wärter. Verdienste müßten belohnt werden. Es ergebe sich doch bestimmt die beste Gelegenheit bei der Hinrichtung des Fürsten. Wenn der Henker da ein paar Minuten früher zu einer kurzen Unterredung in Arpads Zelle käme, werde das Silber unter der Pritsche bereitliegen. »Man möchte doch wissen, was das für ein Mensch ist, der einem den letzten Dienst in diesem Leben erweist«, meinte der Zigeuner listig.
Als ihn der Wärter verlassen hatte, schrieb Arpad einen Brief. Zehn Minuten später entzifferte ihn Milan: Drei strahlende Halbkreise, ein Dreieck mit zwei Schlitzen, wie es sie an der dreieckigen Maske des Henkers gibt, und dann viele, viele große Kreise, aber nur ein kleiner, bloß so zum Vergleich. Milan atmete tief ein. »In drei Tagen ist die Hinrichtung, und Arpad braucht sehr viel Taler.« Prinzessin Helene brach weinend zusammen. Milan fing sie auf.
Arpad spielte weiter mit seinem Bären im Gefängnishof. Er ließ ihn in allen Ecken schnuppern, wie Bären das gerne tun. Manchmal verschwanden die beiden auch für kurze Zeit. Vielleicht befanden sie sich gerade hinter dem oder jenem Gebäude, wo der Bär einer Amsel nachlief. Es achtete keiner mehr auf sie. Einmal verschwanden sie für längere Zeit. Als der Zigeuner danach wieder ins Gefängnis zurückkam, mußte ihn der Wärter noch einmal zum Fürsten führen. »Es riecht nicht gut da unten, Fürst, und ein bißchen glitschig ist es auch, aber du hast ja noch deine Stiefel. Und nimm den Bären mit, er kennt den Weg ins Freie ganz genau. Allerdings wirst du dich ein bißchen bücken müssen.«
»Arpad, ich weiß,daß du dein Bestes tust, aber ich sehe zwischen den vielen Dingen, die du da treibst, keinen Zusammenhang. Wag' nicht zu viel, sonst müßt ihr es alle bezahlen. Wie soll ich meine Bewacher loswerden, wie soll ich ungesehen an den Bären herankommen, ungesehen in das Kanalnetz? Wozu soll es dienen, daß du den Wärter bestochen hast? Wie sollen die Kuruzzen uns

helfen können? Alles winzige Einzelheiten, aber sie ergeben keinen Plan. Deine Freunde, die noch in Freiheit sind, sollen sich nach Ungarn retten. Dir wird vielleicht die Flucht aus dem Gefängnis gelingen, ehe sie dir den Prozeß gemacht haben. Aber setz nicht noch mehr Menschenleben aufs Spiel; deine vielen Pläne stimmen nicht zusammen.«
Der Zigeuner nickte. »Das weiß ich ja selbst, Fürst. Ich habe viele Eisen im Feuer, vielleicht zuviele, und ich weiß auch nicht, ob sich eines davon schmieden läßt. Aber wir haben beide einmal den Strick um den Hals gehabt, und wir leben immer noch.«
»Leben?« fragte der Fürst.
Der Zigeuner schwieg. Plötzlich sagte er: »Man müßte das alles einmal aus einer größeren Entfernung ansehen können, so von oben, verstehst du, um zu sehen, ob es da nicht Zusammenhänge gibt.«
»Ja, wenn du fliegen könntest.«
»Ich kann nicht fliegen, aber der gute Dewel kann es. Ich werde einmal mit ihm reden müssen; vielleicht, daß er am Tag der Hinrichtung die heilige Zarka vom Hallelujasingen beurlaubt.«
»Die Schutzpatronin der Zigeuner. Sie hat noch keinen Rom im Stich gelassen, wenn es drauf ankam. Und fliegen kann sie auch.«
Damit ging er hinaus, und während ihm Beketschy kopfschüttelnd nachsah, rief er zurück: »Also dann bis zu deiner Hinrichtung, Fürst. Laß dir deinen guten Schlaf nicht verderben.«
Rebschnetzer hielt sich in Wiener Neustadt auf. Er war in dem Prozeß gegen Franz von Beketschy der Kronzeuge. Er hatte dem Kommandanten zugesichert, daß er zur Hinrichtung erscheinen werde. Dieser Beketschy habe schon einmal den Strick um seinen Hals gespürt und sei trotzdem entkommen. Er, General Rebschnetzer, wolle mit eigenen

Am Tag der Hinrichtung erscheint der Henker ziemlich früh. Der Wächter führt ihn zuerst in Arpads Zelle

Die »Besprechung« ist kurz. Der Henker wird von Arpad schnell überwältigt

Augen sehen, ob er auch gegen die Axt des Henkers gefeit sei. »Der Fürst wird nicht mit der Axt enthauptet, sondern mit dem Schwert«, bemerkte der Stadtkommandant, »schließlich leben wir nicht mehr im Mittelalter. Und ich kann Euch versichern, General, das Schwert unseres Henkers ist scharf.« Das solle ihm recht sein, versicherte Rebschnetzer, und man möge den Henker ganz getrost auffordern, für diese Hinrichtung sein Schwert noch einmal zu schleifen. Dem Stadtkommandanten war solcher Fanatismus zuwider, aber er verabschiedete den hohen Offizier mit aller Höflichkeit und versprach, ihm zur Hinrichtung einen guten Platz frei zu halten.
Und dann erlebte Rebschnetzer die größte Genugtuung seines Soldatenlebens: Fürst Franz von Beketschy hatte einen letzten Wunsch äußern dürfen. Er ließ Rebschnetzer bitten, er möge ihm unmittelbar vor der Hinrichtung eine kurze Unterredung gewähren.
Einen zweiten, bescheideneren Wunsch fügte er an: Er bat Herrn Generalmajor Rebschnetzer, ein Büßergewand zu besorgen, wie man es bei Pilgersleuten gesehen habe. Damit wolle er auf seinem letzten Gang aller Welt seine gewandelte Gesinnung kundtun — zugleich aber werde er mit der zugehörigen Kapuze sein Gesicht verhüllen. Er fühle sich nicht stark genug, die Blicke der Gaffer zu ertragen.
Dieser Mann war am Ende!
Der Analphabet Arpad vom Weißdorn war inzwischen ein eifriger Briefschreiber geworden. Zweimal oder auch dreimal am Tag warf er seine Tuchfetzen aus dem Fenster, und ebensooft schleuderte ihm der eifrige Igel Antworten oder auch nur neues Schreibzeug durch das Gitter.

Verdienste müssen belohnt werden. Halbe-Halbe machen Henker und Wärter und erweisen Arpad und dem Fürsten einen lebenswichtigen Dienst ▶

Pferde waren auf Arpads Briefen zu sehen, Menschen, Kreuzwege, strahlende halbe Sonnenscheiben und das schlecht gemalte Wappen des Fürsten. Der Zigeuner war so geschwätzig geworden, daß Milan mit dem Lesen kaum nachkam. Jedesmal stand Prinzessin Helene neben ihm und lauschte fiebernd auf jedes Wort. »Weiter, Milan, steht sonst nichts mehr da? »Warum schreibt er nichts Genaueres?«

»Ach, weißt du,Prinzessin«, gab Milan zur Antwort — er verstand sich sehr gut mit ihr — »weißt du, ich finde, für einen,der nicht schreiben kann, schreibt er ziemlich viel.«

Am Tag der Hinrichtung erschien der Henker ziemlich früh im Gefängnis. Er stieg nach oben, und der Wärter führte ihn zuerst in Arpads Zelle, hielt auch gleich die Hand auf, um seinen Anteil Silber zu kassieren. »Aber macht schnell, ihr beiden, der Herr Pfarrer ist auch schon da.«

Die Besprechung war kurz. Kaum zwei Minuten später kam der Henker wieder heraus, klirrte ein bißchen mit dem Richtschwert am Boden, fuhr sich mit der Hand unter die Henkersmaske, als ob ihn etwas jucke, dann folgte er dem Wärter zur Zelle des Fürsten. Davor stand der Gefängnisgeistliche und sagte, Rebschnetzer sei bei dem Verurteilten, und im übrigen habe dieser den Wunsch geäußert, barfuß und im Büßerhemd zur Hinrichtung zu schreiten. Seine schönen Stiefel wolle er aus Dankbarkeit dem Wärter vermachen.

Der Wärter konnte seine Ungeduld kaum bezähmen. »Ihr müßt bald losgehen«, belehrte er den Henker, »und ich will, daß er mir noch die Stiefel gibt, eh sie ein anderer schnappt.«

Der Henker klopfte, die Türe öffnete sich, und der Priester sagte: »Den Wärter würde es freuen, wenn ihm der Fürst sein Geschenk vor Zeugen überreichen wollte, er käme sonst leicht in Verdacht.« Der Wärter stürzte in die Zelle, die Türe ging wieder zu. Draußen standen noch Henker und Priester.

Dann war es soweit. Wieder öffnete sich die Türe, und der Verurteilte kam heraus — wurde vielmehr herausgeschoben, denn im letzten Augenblick schien ihn erbärmliche Todesangst übermannt zu haben. »Zeigt Haltung, Fürst«, flüsterte der Geistliche, »Franz von Beketschy zittert nicht auf seinem letzten Gang!« Er packte den Arm des Büßers, den anderen Arm packte der Henker,und so zogen sie den widerspenstigen Delinquenten durch die Gänge.

Der General und der Wärter schienen in der Zelle noch etwas zu besprechen, jedenfalls sah man sie nicht. Sie wurden zwar zur Hinrichtung nicht gebraucht, aber wenn der General dem Schauspiel beiwohnen wollte, mußte er sich beeilen. Aber die Türe blieb zu. Im Hof schlug der Trommler an, erst da ging die Türe noch einmal auf, und heraus kam — Fürst Franz von Beketschy!

Er rannte über den Korridor, die Treppen hinab in den Hof. Da rückte der Zug eben ab, und wer immer Augen im Kopf hatte, ließ sich das Schauspiel nicht entgehen. Der Fürst rannte zu dem Pfahl, an dem der Bär angebunden war. »Komm mit, Orso, Freund Arpad sagt, du wolltest mich führen«, und dann waren sie fort.

Der Zug ging aber mit seinem Höllenpomp durch die Straßen zum Richtplatz. Die Bürger waren draußen, und jedesmal, wenn sich der

Verdammte in seinen Fesseln bäumte, wenn er dumpfe Laute ausstieß und auszubrechen versuchte, stießen sie einander an. »Seht ihn euch an, den Jammerlappen. Gegen das geheiligte Haupt Seiner Kaiserlichen Majestät kann er sich versündigen, aber wenn es ihm selbst an den Kragen geht, fängt er an zu zittern.«

Es war für Henker und Priester nicht leicht, die vermummte Gestalt im Büßergewand mit sich zu schleifen. »Mehr Würde, Fürst«, forderte der Priester immer wieder, »die Welt blickt auf Euch. Sterbt, wie ein Mann zu sterben hat.«

Irgendwo, aus irgendeinem Loch an irgendeinem Abwassergraben krochen zwei Gestalten aus dem Schlamm, die sich durch nichts mehr unterschieden, als daß nur die eine auf zwei, die andere auf vier Beinen ging.

»Danke Orso«, sagte der Zweibeiner, »und jetzt bring' ich dich zu deinem alten Herrn. Er ist jetzt nicht mehr arm, es wird dir gut gehen.«

Aber erst einmal gingen sie ans Ufer der Leitha und nahmen ein Bad. Da fand Beketschy im verabredeten Versteck auch saubere Kleider und — ein Messer.

Auf dem Gerichtsplatz wurde der Henkerszug von einer riesigen Schar Schaulustiger empfangen. Für standesbewußte Zuschauer war nahe beim Block eine Tribüne errichtet worden. Da saß der Stadtkommandant und fluchte leise vor sich hin. Dieser Rebschnetzer hatte sich doch so wichtig gemacht; einen Platz wollte er reserviert haben, unbedingt, aber jetzt war er nicht da. Schon stand der Verurteilte vor dem Schafott. Man wartete nur noch auf das Zeichen zur Urteilsvollstreckung. Es waren peinliche Minuten. Dieser Feigling, der sich für den Kopf aller kuruzzischen Widerständler hielt, führte sich auf wie der letzte Feigling. Er wollte ausbrechen, riß sich immer wieder los, wurde schließlich zurückgetragen und mußte von da an von zwei Soldaten festgehalten werden.

Nun begann der Delinquent wieder seine dumpfen Laute zu röcheln. Der Stadtkommandant nahm an, man habe ihn geknebelt, weil er sonst zu laut gebrüllt hätte.

Die Hinrichtung konnte nicht länger aufgeschoben werden. Die Schaulustigen wurden unruhig, und auf jeden Laut des Verdammten antworteten sie mit lautem Johlen und Pfeifkonzert. Der Kommandant hob seine Hand!

Sie schleppten den Mann im Büßergewand auf das Gerüst. Er tobte. Der Henker trat hinauf, drückte seinen Kopf auf den Block, und weil er nicht ruhig liegen blieb, mußte der Oberkörper an den Block gebunden werden.

Der Henker hob sein Schwert.

»Halt!« schrie Pater Hieronymus.

Mit erhobenem Schwert erstarrte der Henker — ein Bild für die Ewigkeit.

»Halt!« schrie nocheinmal der Pater, »der Mann ist nicht Beketschy, seht doch den Ring an der linken Hand.« Der Henker ließ sein Schwert sinken, beugte sich, faßte die linke Hand an und blickte zur Tribüne hinauf. Dort gab es eine Unruhe. Der Stadtkommandant war aufgesprungen, und jetzt rannte er auf den Block zu. Er sah den Ring und erbleichte. »Bindet ihn los und nehmt ihm die Kapuze ab«, befahl er.

Die Bewacher banden ihn los und nahmen ihm die Kapuze ab. Dann nahmen sie ihm

auch noch den Knebel aus dem Mund, dem großen General Rebschnetzer, der einmal einer Hinrichtung beiwohnen wollte.
Beinahe wäre es ihm gelungen.
Das Toben der Menge, die sich um ihren Spaß gebracht sah, glich einem Gewitter. »Es ist der General«, schrien die Zuschauer in den ersten Reihen, die alles beobachtet hatten. Und plötzlich ging das Wutgebrüll in ein schallendes Gelächter über.
Die Uniformierten sammelten sich am Schafott. Sie nahmen den General in die Mitte. »Vorwärts, Rebschnetzer«, zischte mit schmalen Lippen der Stadtkommandant, »seht zu, daß Ihr in die Kommandantur kommt! Genug gelacht!« Und als der General schon abrücken wollte, rief der Kommandant ihm nach: »Aber bedankt Euch vorher noch bei Bruder Hieronymus. Seine Aufmerksamkeit hat Euch das Leben gerettet.«
»Danke, Pater Hieronymus«, murmelte der General und verschwand.

Nach Ungarn, Kuruzzen!

Der Henker stand immer noch auf dem Schafott. Ein Henker ohne Opfer ist eine drollige Figur. Er klemmte sich das mächtige Richtschwert unter den Arm und kam herunter, wo ihn Hieronymus erwartete.
»Hieronymus, Ihr hättet Schauspieler werden sollen. Das war Spitze!«
Ängstlich blickte der Geistliche in die Runde. Die Menschen verliefen sich allmählich; es konnte keiner hören, was sie sprachen. »Hast du ein Pferd für mich, Zigeuner?« fragte der Pater.
»Für dich immer, Hieronymus, und wenn ich selbst zu Fuß nach Ungarn gehen muß.
Aber was willst du mit einem Pferd?«
»Auch nach Ungarn, oder braucht ihr Kuruzzen keinen geistlichen Beistand?«
Der Zigeuner schüttelte den Kopf. »Pater, ich bin kein Kuruzz, ich bin Zigeuner. Und halt mir jetzt keinen Vortrag über eure Freiheit, das alles hab ich von Franz schon so oft gehört, daß ich es singen kann. Aber ich pfeif' auf eure Freiheit, weil sie nicht unsere Freiheit ist.
Und wenn ich den Kuruzzen geholfen habe, ich habe es für einen Freund getan und nicht für das, was ihr Freiheit nennt. Wir Zigeuner bleiben doch eure Prügelknaben, ob ihr euch nun Türken, Ungarn oder Österreicher nennt.«
Mit offenem Mund hatte der Priester zugehört. »Du bist ja ganz schön in Fahrt, Zigeuner. Ich hatte keine Ahnung, daß du ein Volksredner bist. Wenn du übrigens nicht für Ungarn gekämpft hast, dann laß dir sagen, daß du für die Freiheit gekämpft hast.«
Sie lachten und schlenderten hinter der Menge her; Arpad immer noch in der Henkersmaske.
»Im übrigen«, bemerkte der Pater, »habe ich deinen Vortrag gut verstanden. Ich gestehe, daß mir das Wort Zigeuner nie angenehm in den Ohren geklungen hat. Da läuft nun ein Mensch im Priestergewand herum und hat nie bedacht, daß der barmherzige Samariter auch so eine Art Zigeuner gewesen ist.«
»Mach dir nichts draus Hieronymus, die Zigeuner werden es überleben.«
Im Schlupfwinkel des alten Bärenführers trafen sie wieder mit Beketschy zusammen.
»Dein Gevatter Hieronymus kommt mit uns nach Ungarn«, sagte Arpad, »er bangt sich um das Seelenheil der Kuruzzen.«
Beketschy freute sich, aber ein neues Problem mußte gelöst werden: Die Zigeuner und die Kuruzzen waren schon aus der Stadt, und ein Pferd kostete Geld. Das Geld verwaltete der Schulmeister. »Er hat mir viel Geld gegeben«, bemerkte der Bärenführer, »ich werde Euch ein drittes Pferd beschaffen.«

»Du sollst für das Geld deinen Bären erhalten, Jako, wir können dir nichts wegnehmen.«
»Laß gut sein, Weißdornmann, wenn du wieder einmal vorbeikommst, bringst du neues Bärenfutter mit.«
Auf Seitenwegen schlugen sich die Freunde durch nach Agfalva. Diesen Ort hatte Arpad auf seinen Briefzeichnungen als Treffpunkt bestimmt. Arpad hatte das Gewand des Henkers abgeworfen, bewahrte es jedoch auf.
»Welch ein Spaß, wenn ich zum nächsten Karneval als Henker auftrete. Schade, daß ich das Schwert weggeworfen habe, es war schon lästig.«
»Sehr lästig«, bestätigte der Fürst, »je näher es einem an den Hals rückt, umso lästiger wird es!«
Sie kamen an den verabredeten Treffpunkt, aber sie sahen weit und breit keinen Menschen. Arpad suchte Boden und Strauchwerk nach einem Zeichen ab, aber er fand keinen Hinweis. Milan hätte ein Zeichen hinterlassen, wenn es ihm möglich gewesen wäre. Es mußte etwas Entsetzliches geschehen sein! Sie ritten in den Ort, den sie umgangen hatten. Sofort wurde ihnen klar, daß das Schlimmste geschehen war: Vor dem Spritzenhaus hatte sich die Bevölkerung gesammelt. Soldaten waren dazwischen, die versuchten, die Menschen zurückzudrängen. An der Seite des Hauses waren Pferde in großer Zahl festgemacht.
Arpad hielt sich zurück. »Stadtsoldaten, einer könnte mich gesehen haben.«
»Mich kennen sie sogar ganz bestimmt«, meinte Pater Hieronymus, »aber mich haben sie gefälligst zu respektieren. Wenn man bloß wüßte, was da vorgegangen ist.«
Sie zogen die Pferde hinter ein Haus, dann ging der Zigeuner auf Erkundung. Nicht zum Spritzenhaus, wo die Soldaten waren, sondern ans andere Ende des Ortes. Da arbeitete in einem Garten ein Mann. Arpad lehnte sich an den Zaun und fragte bieder: »Aber Gevatter, Ihr arbeitet hier so ruhig?«
»Ach laß mich in Ruhe, immerzu ist was Neues los. Immerzu Streifen und Gendarmen und Unruhe, daß einer nicht mehr zum Arbeiten kommt. Sie sollen doch aufhören mit ihrem verdammten Krieg in Ungarn. Das nimmt ja kein Ende, und das Geld hat fast keinen Wert mehr.«
»Krieg in Ungarn, was hat das mit uns zu tun?«
»Alles! Das sind doch Kuruzzen, die sie da im Spritzenhaus festhalten. Die sollen in Wien eingerückt sein und in Wiener Neustadt das Gefängnis überfallen haben. Wenn das so weitergeht, lerne ich ungarisch.«
»Um Gotteswillen, eine Kuruzzenarmee? Ist denn euer Spritzenhaus fest genug? Wenn sie nun ausbrechen!«
»Quatsch, Armee! Ganze acht Figuren, drei Frauen darunter. Und da machen sie nun ein Getue, als hätten sie den Teufel selbst gefangen. Dabei sind es doppelt soviel Soldaten als Kuruzzen, alle schwerbewaffnet. Bei den Kuruzzen hab' ich nicht einmal ein Messer gesehen. Nur einer trug einen Hammer; er sah aus wie ein harmloser Schmied, der nach Arbeit sucht.«
»Am End' sind es bloß harmlose Menschen?«
»Gefährlich sahen sie jedenfalls nicht aus. Eine feine Dame war sogar dabei und zwei hübsche Madeln. Sicher will das Militär wieder einmal Heldentaten vollbringen und

Endlich hat sich das Paar gefunden. Doch die Zukunft wird neue und gefährliche Abenteuer bringen

belästigt friedliche Reisende.«
Arpad ging zu seinen Leuten zurück, die sich hinter einer Scheune verbargen. »Wir haben uns zu lange in Wien aufgehalten, die Suchtrupps waren uns schon voraus.«
»Sind es wirklich die Kuruzzen?«
»Ganz gewiß, die Prinzessin ist dabei, und der Schmied auch. Ich glaube zwar nicht, daß ein bestimmter Verdacht gegen sie besteht, aber sie fangen wohl alles, was sich auf der Straße bewegt. Sie sind zu oft geprellt worden, jetzt greifen sie durch!« Und er dachte an seinen lieben General Rebschnetzer, mit dem diesmal gewiß nicht zu spaßen war. Sie grübelten vor sich hin. Pater Hieronymus lief auf und ab, wobei er immerfort murmelte: »Ich bin eine Respektsperson, ich bin eine Respektsperson, und in Wiener Neustadt kennt mich jedes Kind — zumindest jeder Soldat!«
»Wir glauben es dir ja, lieber Vetter. Du bist wirklich eine Respektsperson, aber warum mußt du uns das dauernd unter die Nase halten?«
»Weil ich einen Weg suche, ihnen Respekt beizubringen!«
Der Zigeuner wurde aufmerksam. Einen Weg, ihnen Respekt beizubringen? Er ging an sein Pferd; die Henkerskutte war noch da. »Ich bin ebenfalls eine Respektsperson. Ja, ja, seht mich bloß nicht so verdonnert an.« Er ging in die Scheune. Als er herauskam, trug er ein Beil mit breiter Klinge in der Hand. Schnell warf er sich das rote Gewand des Henkers über die Schulter und rief: »Zu Pferd, Pater Hieronymus, wir sind die Boten des Kaisers, wir vollstrecken das Urteil gegen dieses kuruzzische Gesindel an Ort und Stelle. Auf allerhöchsten Befehl!«
Im Wegreiten bestimmte er noch: »Fürst, wenn sie alle damit beschäftigt sind, meinen Henkerskünsten zu lauschen, bringst du soviel Pferde beiseite wie wir brauchen!«

Wenig später nahte auf der Straße von Wiener Neustadt ein unheimliches Paar dem Spritzenhaus: Der Henker und der Gefängnispfarrer von Wiener Neustadt; dieselben, die jeder Soldat erst vor kurzem auf dem Richtplatz gesehen hatte. »Halt du dich da raus, Hieronymus, ein Mann der Kirche darf nicht lügen!« Dann teilte der Henker dem Streifenführer mit, angesichts des kuruzzischen Überfalls auf das Gefängnis von Wiener Neustadt sei Befehl ergangen, jeden eingebrachten Insurgenten an Ort und Stelle zu richten. Man habe erfahren, daß ein kleiner Trupp in Richtung Agfalva entkommen sei, und so habe man der in diese Richtung entsandten Streife das Hinrichtungskommando nachgeschickt. Es war alles ganz echt. Es gab keinen Grund, an den Worten des Henkers zu zweifeln. Bruder Hieronymus betrat allein das Spritzenhaus, kam bald wieder heraus und erklärte, von den Kuruzzen habe nicht einer den Wunsch gehabt, vor seinem baldigen Ende zu beichten. Die Kuruzzen wurden aus dem Haus getrieben. Der Henker ging in das Spritzenhaus, winkte Milan, ihm zu folgen und schloß das Tor. Nach außen drangen Geräusche von einem Ringkampf, dann hörte man einen Aufschrei und dann einen Axthieb. Der Henker öffnete das Tor, sein Beil in der Hand, das einen rötlichen Glanz zu haben

Bruder Hieronymus erklärt: »Keiner der Kuruzzen hat den Wunsch, vor seinem Tod zu beichten«

schien, und ein Soldat schob ihm Kembal zu. Wieder ein schwerer Hieb — der Nächste.
Als der letzte der Kuruzzen »hingerichtet« war, wagte Pater Hieronymus einen Blick in das Spritzenhaus. Er verhüllte in tödlichem Entsetzen sein Gesicht. »Geht Eures Weges, geht, seht nicht hinein, überlaßt dem Henker, die begonnene Arbeit zu Ende zu führen. Ich werde von ihm verlangen, daß er selbst seine Opfer verscharrt.«
Die Soldaten zögerten. Zu dem Streifenführer sagte der Pater: »Waibel, Er hat seine Pflicht getan, und seine Männer auch. Ich werde dem Stadtkommandanten gegenüber seines Namens und seiner Truppe Erwähnung tun. Laß Er jetzt abrücken.«
Die Streife ging zu den Pferden, und es fiel keinem auf, daß die Pferde der Kuruzzen inzwischen verschwunden waren. Beketschy verstand wohl, einen Militärsattel von einem gewöhnlichen Sattel zu unterscheiden.

Nach dem Aufbruch der Streife erlebten die Leute von Agfalva ein großes Wunder: Die hingerichteten Kuruzzen kamen aus der Scheune, der Henker mit ihnen, der sein Beil weggeworfen hatte, jetzt auch noch das Henkersgewand abwarf und aussah wie ein ganz gewöhnlicher Zigeuner. Die Leute folgten der Rotte bis zu einem benachbarten Haus, hinter dem ein Unbekannter mit einer Menge von Pferden sie begrüßte.
Die feine Dame, die bei den Kuruzzen war, und der Unbekannte hätten einander umarmt, desgleichen der Henker, der nun kein Henker mehr war, und eine der Kuruzzenfrauen: Das sagten die Leute von Agfalva bei einer späteren Befragung unter Eid aus.
Danach habe der unbekannte Mann gerufen: »Nach Ungarn, Kuruzzen!« Die ganze Rotte sei auf die Pferde gesprungen und in Richtung Neusiedler See davongeritten.

Nach dem Aufbruch der Streife glauben die Leute von Agfalva an ein Wunder. Unversehrt kommen die Kuruzzen aus der Scheune ▶

Die Stephanskrone

Wenn der Kaiser seinem Hohen Kommissar in Buda eine Nachricht senden will, schickt er einen Kurier. Ein Kurier reitet schnell. Man kann im voraus berechnen, nach wieviel Tagen die Nachricht ankommt.
Wenn aber der Kaiser einmal eine Nachricht hat, die auf keinen Fall nach Ungarn gelangen darf? – Dann schickt er natürlich keinen Kurier, und man sollte annehmen, daß eine solche Nachricht niemals nach Ungarn kommt.
Aber sie kam schneller an, als ein Kurier reiten kann!
Wer wird das jemals erklären können?
Sie konnten es nicht erklären, aber sie mußten sich damit abfinden: Als sie nach Ungarn hineinritten, wurden sie in den Dörfern als Sieger gefeiert! Es war schon allgemein bekannt, daß man den Fürsten Franz von Beketschy in Wiener Neustadt zum Schafott führen wollte, daß er dort aber nicht angekommen war.
Anfangs war dem Fürsten der Beifall nicht recht. Er war von Agfalva aus in das Sumpfgelände um den Neusiedler See geritten, weil er untertauchen, unsichtbar werden wollte. Von dort aus wollte er sich auf heimlichen Wegen zu einem sicheren Schlupfwinkel durchschlagen. Aber so heimlich können Wege nicht sein, daß nicht doch Menschen an ihnen wohnen. Und wo immer die kleine Rotte auftauchte, liefen die Menschen zusammen und jubelten – aus jedem Dörfchen, aus jedem Fleckchen, aus jedem Gehöft. Es brauchten diesmal keine Soldaten oder Jäger hinter ihnen zu stehen, die sie zum Jubeln zwangen. Wenn das so weiterging, würde man bald wieder die Österreicher hinter sich haben.
Aber der Fürst hatte sich verrechnet: Die kleinen, ländlichen Militärposten verhielten sich ruhig. Sie hatten bald gespürt, daß es sich da nicht um eine Bande von Strauchrittern handelte, die auf abgelegenen Pfaden dem Süden zustrebte: Denn der Anführer dieses kleinen Trupps hieß Franz von Beketschy. Beketschy war durch seinen Kampf auf Jankatsch zum Sinnbild der ungarischen Freiheit geworden.
Der Schulmeister hatte die Lage am schnellsten erfaßt. »Wenn wir die Garnisonen und die Städte meiden«, erklärte er dem Fürsten, »dann kann uns nicht viel passieren.«
Was dann trotzdem passierte, hatte keiner voraussehen können: Sie bekamen Zuwachs. Die jungen Kerle aus den Dörfern liefen ihnen nach, sie hatten sich bewaffnet mit alten Steinschloßgewehren, mit Dreschflegeln, Sensen, Knüppeln. Sie hatten die ewigen Schikanen leid, und sie wollten jetzt endlich kämpfen. Was aber sollte der Fürst mit einer Horde schlecht bewaffneter Bauernjungen anfangen, die er nicht einmal ernähren konnte, wollte er nicht im eigenen

Land zum Plünderer werden?
Er vertröstete und beruhigte die jungen Leute. Im gegebenen Augenblick werde er ihnen seine Boten schicken. Dann würde man sich versammeln – eine große Armee der Freiheit – und endlich losschlagen! Viele ließen sich vertrösten; ein paar aber, die besonders ungeduldig und besonders gut bewaffnet waren, durften gleich mitreiten. So kam es, daß das Häuflein der Flüchtlinge aus Wiener Neustadt zu einer beachtlichen Truppe angewachsen war, als man das Lager der Weißdorn-Zigeuner erreichte.
Dort begannen die Kuruzzen sofort zu schanzen. Einen festen Platz wollte Beketschy schaffen, von dem aus er operieren konnte. Die Weißdornleute sahen mit schiefen Blicken zu: Ihnen paßte es nicht, daß da eine kleine Festung entstand, hinter deren Wällen sie nun leben sollten. Den Kuruzzen andererseits paßte es nicht, daß sie allein schuften sollten, während die braunen Kerle da herumlungerten und dumme Witze rissen. Es gab Streit, es gab sogar böse Schlägereien, in die Arpad öfter eingreifen mußte, um die Kampfhähne auseinanderzubringen. Der Fürst, der Schulmeister, der Schmied und der Zigeuner hatten eine ernste Besprechung, in deren Verlauf der Fürst vorschlug, Arpad möge die Zigeuner als Werber übers Land schicken. Der Sammelplatz sei nun gefunden; es werde Zeit, an die Aufstellung einer schlagkräftigen Armee zu denken.
»Was geht mich eure Armee an«, sagte der Zigeuner.
Ködenheim, der Schulmeister von Erdöz, war erschüttert. »Hör zu Zigeuner, in Wiener Neustadt habe ich dich bewundert, aber jetzt sehe ich, daß alles wahr ist, was man über die Zigeuner erzählt.«
»Und was erzählt man?«
»Daß ihr keinen Freiheitssinn habt, daß ihr jedem beliebigen Herrn in den...«
Der Fürst winkte mit beiden Händen ab. »Laß nur, Schulmeister, über diese Frage streite ich mit Arpad nicht zum erstenmal, und ich habe gelernt, auch seinen Standpunkt zu achten.«
Dann sprach er Arpad an: »Ich werde jetzt etwas wiederholen, was du selbst mir einmal gesagt hast: Wenn du zu entscheiden hättest, ob Ungarn den Türken, den Österreichern oder den Ungarn gehören soll, dann...«. Der Fürst sprach nicht weiter. Er wartete, daß der Zigeuner seinen Satz zu Ende führen solle, und Arpad zögerte nicht: »... dann würde ich es den Ungarn zusprechen, weil das Land ihnen gehört.«
»Dann hilf uns, Freund! Wir wollen, daß Ungarn den Ungarn gehört... Und deine Brüder verstehen es, sich unsichtbar zu machen.«
So kam es, daß sich Zigeuner aufmachten, um für die Kuruzzen-Armee zu werben. Ein jeder führte ein Handschreiben des Fürsten mit, das ihn auswies. Und es gelang den Werbern, die kampfwilligen Bauern ins Lager zu führen — nicht ganz unbemerkt.
Die ländlichen Militärposten, die sich klugerweise still verhalten hatten, als der Fürst im Triumph nach Süden zog, weil sie wußten, daß sie sonst die ganze Bevölkerung gegen sich hätten, die hatten natürlich die Vorgänge an höhere Dienststellen gemeldet. Sie meldeten jetzt auch, daß auf den Dörfern junge Männer verschwanden. Plötzlich seien sie fort, keiner wisse wohin.
General Rebschnetzer, der wieder in seiner Garnison eingetroffen war, verstand die Zeichen und Nachrichten zu deuten. Ganz Ungarn hatte nach der Heimkehr des Fürsten zu brodeln

begonnen. Widerstand gegen die Staatsgewalt in allen Landesteilen! In Buda hatte es schon Straßenkämpfe gegeben ... es war an der Zeit, den Spuk zu beenden!
Nicht so einfach; die Blamage in Wiener Neustadt hing dem General noch nach. Verstärkung anzufordern, traute er sich nicht. Er reiste zum Gut Baja, um den Fall mit seinem Freund Roger Pazmany einmal durchzusprechen, und Pazmany wußte Rat. »Mit Speck fängt man Mäuse«, erklärte Pazmany, »wir bieten diesem Fürsten einfach die Stephanskrone an und sagen, daß wir in kaiserlichem Auftrag verhandeln. Dann lassen wir einen Hohen Kommissar aus Wien kommen ...«
»Aus Wien?«
»Natürlich nicht aus Wien. Den Hohen Kommissar müssen wir selbst schicken.«
»Wie sollen wir mit Beketschy verhandeln, wenn ich nicht einmal weiß, wo er sich versteckt hält?«
»Mit Speck fängt man Mäuse«, sagte Pazmany noch einmal, »ich werde sie schon aus ihren Höhlen locken. Aber Ihr, General, solltet bei den Verhandlungen lieber nicht in Erscheinung treten.«
Auf einem seiner Streifzüge durch die Pußta bemerkte Arpad eine Kutsche, deren Räder mühsam den Sand mahlten. Vorn der Kutscher, anscheinend unbewaffnet, hinten ein Diener, auch unbewaffnet. Der Zigeuner beschloß, sich

Arpad tritt an die Kutsche und gibt dem Fahrgast den Rat, nicht weiterzufahren

den Fall näher anzusehen. Irgendwo an einer Wegbiegung trat er hinter einem Busch vor und schob einen Knüppel in die Speichen des Hinterrades. Der Diener wollte sich auf ihn stürzen, flog aber gleich über den Rücken des Zigeuners hinweg in den Graben, wo er vorläufig mit sich selbst zu tun hatte. Der Kutscher schlug mit der Peitsche. Arpad packte die Schnur und riß sie an sich. Dann trat er an den Schlag und grüßte höflich.
Pazmany tat, als zittere er vor Angst. »Wegelagerer?« fragte er. Aber der Zigeuner schüttelte den Kopf. »Ein häßliches Wort«, meinte er gemütlich, aber den Geldbeutel, den ihm der Graf freiwillig reichte, steckte er ein. Dann bemerkte er: »Exzellenz, Sie waren sehr großzügig. Darum meinen ergebenen Rat – fahren Sie nicht weiter.«
»Warum?« fragte Pazmany lauernd, »gibt es hier Räuber oder vielleicht ... Kuruzzen?«
»So sagt man.«
»Dann bin ich richtig. Ich habe eine Botschaft für den Fürsten Franz von Beketschy – eine Botschaft von allerhöchster Stelle. Wenn Er mich zu ihm führen kann, soll Er einen zweiten Beutel haben.«
Der Zigeuner überlegte lange. Gefährlich sah das Männlein da im Wagen nicht aus. Was konnte schon geschehen, wenn er ihn ins Lager brachte. Und vielleicht hatte er wirklich eine wichtige Botschaft für seinen Freund. Vielleicht war man in Wien zur Einsicht gelangt, daß es so in Ungarn nicht mehr weiterging. Er setzte sich neben den Kutscher und zeigte ihm den Weg.
Der Fürst empfing den Grafen mit äußerstem Mißtrauen, denn er war ihm als Freund der Österreicher bekannt. Immerhin, was er zu sagen hatte, schien Hand und Fuß zu haben: Österreich wolle den derzeitigen Waffenstillstand an der türkischen Front dazu wahrnehmen, in Ungarn alle Kräfte zu mobilisieren, mit denen man die Türken endgültig vertreiben könne.
»Was bildet Ihr Euch denn ein, Graf Pazmany«, rief an dieser Stelle der Schulmeister, »die Kuruzzen sollen für Österreich kämpfen?«
»Die Kuruzzen sollen gegen die Türkei kämpfen«, antwortete der schlaue Graf, »dafür wird Ungarns Selbständigkeit in einem Maße hergestellt ...« An dieser Stelle schwieg der Graf bedeutungsvoll, und der Fürst konnte seine Ungeduld kaum verheimlichen. »In einem Maße?« fragte er.
»Über das auf einer Zusammenkunft mit dem Hohen Kommissar auf meinem Gut Baja verhandelt werden soll!«
»So dumm müßten wir sein«, sagte Arpad. Der Schulmeister konnte bloß lachen, und sogar Laszlo, der Schmied, bellte höhnisch vor sich hin, obwohl er die Zusammenhänge nicht ganz verstand. Aber Prinzessin Helene, die bei der Besprechung dabei war, murmelte träumerisch: »Franz, die Stephanskrone!«
Nun, meinte Pazmany, ob man dem Fürsten die Stephanskrone zubilligen würde, das eben sei Gegenstand der Verhandlung. Im übrigen habe er noch zu ergänzen, daß zehn Meilen im Umkreis seines Gutes Baja sich keine Militärperson befinden würde. Der Hohe Kommissar werde ohne Bedeckung anreisen, und dem Fürsten sei es freigestellt, eine beliebig große Anzahl seiner Mannschaft mitzubringen. Außerdem sei es angebracht, einige Damen mitzubringen. Die Zusammenkunft solle geselligen Charakter haben, um die Aufmerksamkeit der Öffentlichkeit nicht allzu früh auf diese hochpolitische Aktion zu lenken.

Helene strahlte; sie sah ihren Bruder schon als König von Ungarn. Der Schulmeister sagte: »Wenn das wirklich so ist – wir werden es kontrollieren«, und der Schmied sah bewundernd seinen Herrn an, der nun endlich den Platz einnehmen sollte, der ihm zukam. Nur Arpad rührte sich nicht. »Was ist, Arpad, kommst du mit?« Der Zigeuner hob die Schultern. »Warum nicht!« meinte er, aber begeistert war er nicht.

Auf den Wunsch der Kuruzzen schickte er einige Zigeuner zum Gut Baja. Sie sollten unsichtbar bleiben, aber jede Regung beobachten. Tatsächlich meldeten sie, in weitem Umkreis um das Gut werde jegliches Militär zurückgezogen. Also keine Falle!

Als die Kuruzzen schon auf ihren Pferden saßen, um nach Baja zu reiten, fehlte der Zigeuner. »Er ist noch einmal ins Zelt gegangen, er hat etwas vergessen«, erklärte Rilana. Da kam er schon an. Als er näherkam, versteckte er etwas unter seiner Jacke. »Hattest du etwa dein Messer vergessen?« fragte seine Romni verwundert. Aber Arpad gab zur Antwort: »Nicht mein Messer – meine Feile!«

Auf dem Gut wurden sie pompös empfangen. Der »Hohe Kommissar« war schon eingetroffen. Am Abend, auf dem Fest, das Pazmany geben wollte, sollten unauffällig die ersten Verhandlungsfäden geknüpft werden. Der Graf wies den Kuruzzen ihre Unterkünfte zu: Ein Diener führte die Mannschaft ins Obergeschoß, wo sie nach Belieben ihre Zimmer wählen durften. Den Fürsten aber, die Prinzessin und den Zigeuner mit seiner Romni wollte Pazmany im Erdgeschoß einquartieren, wobei er mit einer leichten Verbeugung zu Rilana versicherte, man habe in Wien die politische Tätigkeit der Zigeuner schätzen und fürchten gelernt.

»Politik!« sagte Rilana verächtlich, »wenn ich bloß wüßte, was das ist.«

Grandios war das Gemach des Fürsten, kostbar das Zimmer der Prinzessin. Und als Pazmany die kleine Gesellschaft in das Zimmer führte, das die beiden Zigeuner bewohnen sollten, blieb Rilana staunend auf der Schwelle stehen. Sie hatte solche Pracht noch nie gesehen. Arpad bemerkte jedoch kühl: »Hier kann ich nicht schlafen, hier ist alles zu schön, und die Decke ist zu hoch. Habt Ihr kein Zelt für uns, Graf Pazmany, oder irgendeine Hütte?«

»Im Zelt wollt Ihr wohnen, Arpad vom Weißdorn, ein Gast des Hohen Kommissars wohnt im Zelt? – Ausgeschlossen!«

Arpad trat ans Fenster, schob die Vorhänge zur Seite und blickte prüfend das schwere Eisengitter an, das die Fenster des Erdgeschosses gegen Einbrecher sichern sollte. Mit einem vielsagenden Lächeln trat er ins Zimmer zurück. »Na ja«, murmelte er, »was meinst du dazu, Rilana, vielleicht halten wir es doch aus in diesem Prachtgemach«, und zwinkerte ihr unbemerkt zu. Dann trat er an einen Zierschrank, auf dem eine wunderschöne Plastik stand. »Amor und Psyche«, erläuterte der Graf, als Arpad das Kunstwerk in die Hand nahm, »ein altes Stück und sehr, sehr wertvoll ...« In diesem Augenblick klirrte das wertvolle Stück aufs Parkett und zersprang in tausend Splitter.

»Oh«, sagte der Zigeuner, »tut mir leid; war es sehr wertvoll?« Pazmany schnappte nach Luft, schielte zum Fürsten und der Prinzessin hinüber, riß sich zusammen und knurrte: »Nun ... es wird sich verschmerzen lassen.«

»Sieh doch, Arpad, das herrliche Bett«, rief Rilana. Sie war mit ihren Reitstiefeln auf das

breite französische Prunkbett gesprungen und hüpfte darauf herum, daß die Federn krachten. Arpad, mit Stiefeln und Sporen, sprang gleichfalls hinauf. Sie packten sich an den Händen, und jubelnd wie spielende Kinder sprangen sie darauf herum, daß die quietschenden Federn sie fast an die Decke schleuderten. »Ihr müßt ein wenig Verständnis haben, Graf Pazmany«, sagte die Prinzessin, »es sind eben Zigeuner, sie wissen es nicht besser.«
»Nun«, erwiderte der Graf mit süßsaurem Gesicht, »nun, es wird sich verschmerzen lassen.«
Ein herrlicher Spiegel stand auf der Kommode neben dem Bett. »Sieh doch, Arpad«, rief die Zigeunerin, packte den Spiegel, schaute hinein, schrie verzückt auf, als sie ihr kristallklares Spiegelbild sah ... und schon lag auch der Spiegel zersplittert auf dem Boden.
Arpad hatte das breite Band des Klingelzuges entdeckt. Er zog daran – man hörte in der Ferne ein Läuten – er zog kräftiger, er riß daran, daß das Glöckchen im Flur nur so schepperte, und dann kam der Klingelzug mitsamt den Vorhängen herunter.
»Nun«, bemerkte der Graf, und schnappte nach Luft, »nun, es wird sich verschmerzen lassen.«
Die Prinzessin aber fragte ihren Bruder ratlos: »Franz, kannst du mir sagen, was die beiden vorhaben?«
»Ich weiß es nicht, aber es sieht so aus, als wollten sie ein anderes Quartier haben.«
Inzwischen musterte Arpad den kristallenen Lüster. Er schien zu prüfen, ob man ihn wohl im Sprung erreichen und mit ihm schaukeln könne. Seinen kostbaren Lüster schien Pazmany denn doch nicht verschmerzen zu wollen. Schnell lief er auf den Zigeuner zu und meinte verbindlich: wenn den Herrschaften dieses Zimmer nicht gefalle, wie es den Anschein habe, dann gebe es im Vorwerk noch ein wunderschönes Gemach, das er ihnen gerne zur Verfügung stelle.
Sie waren sofort einverstanden und stellten das Toben ein. »Was ist euch beiden denn bloß eingefallen?« fragte die Prinzessin heimlich beim Hinausgehen.
»Mir ist nichts eingefallen. Ist dir etwas eingefallen, Rilana?«
»Nein«, sagte die Zigeunerin, »mir hat es bloß Spaß gemacht.«
Ein Diener geleitete das Zigeunerpaar zum Vorwerk hinüber. »Darf ich die Herrschaften bitten?« näselte er vornehm, als er ihnen die Türe aufschloß. Arpads schneller Blick erfaßte alles: schweres Türschloß – vergitterte Fenster ...
»Die Herrschaften danken«, antwortete Rilana ebenso vornehm wie der Diener und räkelte sich sofort in einem Polstersessel. Aber der Diener blieb in devoter Haltung an der Türe stehen.
»Noch was? Die Herrschaften haben gedankt – oder genügt das nicht?«
»Verzeihung, gnädige Frau, ich habe Befehl, den Herrschaften ständig zu Diensten zu sein.«
Die »gnädige Frau« blickte verwirrt zum »gnädigen Herrn«. Der fand sich leichter in die herrschaftliche Rolle. »Sehr schön«, sagte er, »dann begebe Er sich sofort zu meinem Pferd und hol Er meine Reitpeitsche!«
»Die Reit ...?«
»Ganz recht, die Reitpeitsche. Sie hat einen silbernen Knauf und könnte gestohlen werden. Es weiß doch jeder, daß die Dienerschaft auf diesen adeligen Gütern stiehlt wie die Raben!«
Der Diener preßte die Lippen zusammen, neigte dezent den Kopf und ging gemessenen Schrittes hinaus. »Schnell Rilana, es ist nicht viel Zeit!« – Rilana ging hinter dem Diener her und bezog

Posten an der Außentüre. Arpad zückte seine Feile und machte sich über das Schloß des Schlafzimmers her. Als der Diener mit der Reitpeitsche zurückkam, räkelten sich beide in den Sesseln und sahen ganz unschuldig aus.
Es wurde ein rauschendes Fest – ein berauschendes Fest, müßte man sagen, wenn man das Treiben der Kuruzzen in dieser Nacht beobachtete. Sämtliche Begleiter des Fürsten hatten an einem üppigen Essen teilgenommen. Danach aber war es ihnen im Prunksaal nicht mehr recht geheuer, und sie zogen sich in ein Nebengemach zurück. Da ließen sie sich weiter bedienen, und die Bedienung war nicht schlecht: Denn das Gutspersonal schien Anweisung zu haben, den Gästen jeden Wunsch zu erfüllen. Und sie hatten viele Wünsche; lauter Wünsche, die um den Weinkeller des Grafen kreisten.
»Besauft euch nicht!« empfahl Arpad besorgt. Das machte sie wütend. Er solle sich um seinen eigenen Dreck scheren, verlangten sie. Als zufällig der Fürst nach ihnen schaute, um zu sehen, ob sie auch gut versorgt seien, fluchten sie los, der Zigeuner habe nichts anderes im Sinn, als ihnen den Spaß zu verderben. Der Fürst möge den Spielverderber wieder mit in den Festsaal nehmen, damit sie in Ruhe feiern könnten.
»Du bist immer noch mißtrauisch, Arpad?«
»Nicht mißtrauisch, Fürst, aber es macht mich nervös, daß ich hinter vergitterten Fenstern schlafen soll.«
»Vergitterte Fenster findest du auf den Gütern hier überall. Damit schützt man sich gegen Einbrecher. Im Obergeschoß sind die Fenster nicht vergittert.«
»Dafür ist das Obergeschoß so hoch, daß man sich alle Knochen bricht, wenn man da aus dem Fenster springt.«
»Aber warum auch, Freund, du weißt doch, daß es zehn Meilen im Umkreis nicht einen einzigen Soldaten gibt. Deine eigenen Späher haben es festgestellt. Wir sind hier vollkommen sicher, Freund, glaub es doch endlich!«
Sie traten in den Festsaal, wo der Tanz in vollem Gange war. Pazmany hatte einige Paare von den benachbarten Gütern eingeladen. Die Damen waren in großer Abendrobe erschienen. Prinzessin Helene und Rilana, die nur das Nötigste mitgebracht hatten, kamen sich wie zwei Mauerblümchen vor. Aber die Gastgeber kannten ihre Pflicht: Graf Pazmany hatte die Prinzessin zum Tanz aufgefordert, und der Hohe Kommissar tanzte mit Rilana. Er hätte es lieber nicht versucht, der hohe Herr, denn er war recht beleibt und etwas kurzatmig. Mitten im Tanz bat er die Zigeunerin um Urlaub. Rilana ließ ihn stehen, schnalzte mit den Fingern, und ihr Rom sprang auf das Parkett. Dann fegte das Zigeunerpärchen durch den Saal, daß die übrigen Tänzer zurücktraten und nur noch atemlos zuschauten.
Gegen Mitternacht gab es eine kleine Einlage: Die Kuruzzen – inzwischen hatte der Wein ihnen Mut gemacht – brachen in den Festsaal ein. Sie hatten den Schmied davon überzeugt, er müsse in ihrer aller Namen einen Ehrentanz mit der Gutsherrin auf sich nehmen. Der Riese trat mit schlenkernden Armen auf die Gastgeberin zu, verbeugte sich wie ein Bauernjunge auf dem ländlichen Tanzboden, nahm die zarte Frau in den Arm und hopste einen fröhlichen Schleifer.
»Ich glaube, es ist Zeit«, bemerkte Franz von Beketschy, und der Hohe Kommissar bestätigte eifrig nickend: »Sehr wahr Fürst, wir werden unsere Besprechung morgen fortsetzen. Ich kann aber noch einmal versichern, daß ich ganz im

Sinne meines allerhöchsten Auftraggebers handle, wenn ich Ihren berechtigten Forderungen weitgehend entspreche.«

Das Fest war zu Ende. Die Gäste von den umliegenden Gütern stiegen in ihre Kutschen. Die Kuruzzen gingen ins Obergeschoß, Fürst und Prinzessin wurden von Pazmany und seiner Gattin auf ihre Zimmer begleitet, das Zigeunerpaar begab sich in Begleitung seines Dieners zum Vorwerk.

»Wünsche den Herrschaften eine angenehme Nachtruhe«, sagte der Diener, nachdem die beiden ihr Zimmer betreten hatten. Dann machte er gemessen die Türe zu. Arpad sprang an die Türe und legte sein Ohr an das Holz. Draußen wurde langsam der Schlüssel gedreht und abgezogen, dann klappte die Außentüre. Der Diener war fort.

»Wie gut es war, daß ich meine Feile nicht vergessen habe«, meinte der Zigeuner und öffnete mit einem leichten Ruck die Türe, deren Zapfen er am Tage durchgefeilt hatte. »Geh noch nicht schlafen, Rilana, wir müssen erst wissen, was hier gespielt wird.«

»Was könen sie uns denn tun? Es sind keine Soldaten hier, wir sind in der Überzahl.«

»Ich weiß nicht, was sie vorhaben. Mir genügt schon, daß sie uns einsperren wollten.« Er ging hinaus, und weil er auch die Außentüre verschlossen fand, verließ er das Vorwerk durch ein Fenster.

Fast eine Stunde trieb er sich draußen herum. Nirgends etwas Verdächtiges. Im Gutshaus lag alles in tiefstem Schlaf. Aber warum hatte man ihn einschließen wollen? Irgend etwas war nicht in Ordnung. Wenn er bloß gewußt hätte, was es war.

Aus einigen Fenstern schimmerte schwaches Licht. Es kam von den Windlichtern auf den Gängen. Und dann bemerkte der Zigeuner endlich etwas Besonderes: Auch aus einem der Kellerfenster kam schwacher Lichtschein. Wer geht schon nachts in den Keller – oder hatten die Diener, die während des Festes in den Weinkeller stiegen, nur vergessen, die Lampe auszumachen?

Das Fenster stand eine Handbreit auf. Arpad glaubte Stimmen zu hören. Er langte mit der Hand durch das Eisengitter und stieß das Fenster vorsichtig weiter auf: Irgendwo im Keller brannte Licht, und irgendwo wurde gesprochen. Aber erkennen konnte er nicht viel, weil allerlei Gerümpel im Weg stand.

Er ging an die Pforte. Natürlich verschlossen! Er zog seine Feile und arbeitete mit ihr am Schloß herum: ein schweres Schloß zwar, aber auch ein sehr einfaches Schloß. Er schaffte es, und dann war er drin im Gebäude und suchte zunächst die Kellertüre.

Zehn Minuten später kam er wieder ins Vorwerk. »Rilana, sattle schnell unsere Pferde!«

»Was ist passiert?«

»Drüben im Keller liegt fast eine ganze Kompanie Dragoner. General Rebschnetzer ist da, und der großschnauzige Major Niederreuther auch. Früh um vier, wenn alles in tiefstem Schlaf liegt, wollen sie den Fürsten verhaften.«

»Dann weck die Kuruzzen!«

»Eingesperrt sind die Kuruzzen und die Türen von außen mit schweren Riegeln gesichert. Auch der Fürst ist eingesperrt, auch die Prinzessin ist

◀ *Zwischen den Zigeunern und Kuruzzen gibt es immer wieder Meinungsverschiedenheiten, in die Arpad schlichtend eingreifen muß*

eingesperrt. Genau wie wir, wenn ich nicht meine Feile mitgenommen hätte.«

Sie gingen zu den Ställen, und Arpad brachte seiner Romni noch die schweren Sättel. Dann verzog er sich in den Geräteschuppen und stöberte eine Weile. Mit einem langen Seil und einem Dreizink, wie man ihn beim Ausmisten der Pferdeställe braucht, schlich er wieder zum Gut zurück.

Die Kuruzzen waren nicht sehr begeistert, als Arpad plötzlich in ihren Räumen auftauchte, sie grob aufweckte und energisch sagte, sie sollten ihre Ölköpfe jetzt zusammennehmen. Als er sie jedoch unterrichtet hatte, rutschten sie brav einer nach dem anderen am Seil in den Hof hinab.

Unten fanden sie eine abgebrochene Wagendeichsel und nahmen sie mit. Bevor sie das Haus betraten, schnappte sich Arpad den Schmied.

»Du nimmst den Knüppel hier, und ich zeig dir noch, wo die Kellertüre ist. Aber du mußt dich rühren, da unten liegt fast eine Kompanie Dragoner, und keiner darf nach oben kommen.«

»Öhhh«, grunzte der Schmied, »fast eine Kompanie Dragoner! Das wird ein Spaß!«

Arpad führte ihn zur Kellertüre – das Windlicht auf der schmalen Treppe machte er aus. Er lief zum Gemach der Prinzessin, klopfte an und rief: »Prinzessin, wir müssen leider sofort aufbrechen, bereitet alles vor.« Dann rannte er zurück zum Gemach des Fürsten, klopfte wieder an und rief durch die verschlossene Türe: »Mein Fürst, die Krönung muß leider aufgeschoben werden.«

Jetzt gab er den Kuruzzen einen Wink. Sie packten die Wagendeichsel an.

Als der erste Rammstoß durch das Haus dröhnte, wurde es im Keller lebendig, und Sekunden später begann der Knüppel des Riesen Kodaly seine Arbeit. Wer oben an der Kellertüre erschien, begab sich sogleich wieder nach unten – aber rückwärts und ohne seine Füße zu gebrauchen.

Im Erdgeschoß splitterten Türen. Graf Pazmany kam angerannt und tat, als wisse er von nichts. Arpad schob ihn mit einer Hand beiseite.

»Stör uns jetzt nicht, Graf, du kriegst deine Quittung später!«

Rilana war mit dem Satteln noch lange nicht fertig. Kodaly mußte noch eine Weile an der Kellertüre seinen Posten halten, während die Kuruzzen die Pferde fertig machten. »Jetzt kannst du kommen«, rief der Zigeuner ins Haus, aber Kodaly brüllte zurück: »Moment noch, ich glaub', da kommt gerade der General!« Man hörte es drinnen noch einmal rumoren, dann tauchte der Schmied in der Haustüre auf und bemerkte tiefsinnig: »Der Letzte hat am meisten Spaß gemacht.«

Sie hatten Baja schon weit hinter sich, da sagte der Fürst: »Arpad, ich muß dir wieder einmal danken. Nicht nur in meinem Namen, du hast unserer Sache einen Dienst erwiesen.«

»Quatsch«, sagte der Zigeuner, »ich pfeif' doch auf eure Sache!«

Sie ritten eine Weile schweigend weiter, dann ergänzte der Zigeuner: »Was ich aber gar nicht leiden kann, ist, daß mich dieser Graf für dumm verkaufen wollte.«

Schweigen. – Dann wieder der Zigeuner: »Bildet dieser Mensch sich ein, er kann den Zigeuner Arpad einsperren, ohne daß er etwas merkt?«

Und wieder nach einer Pause: »Das konnte ich nicht auf mir sitzen lassen. Sieh mal zurück, Fürst.«

Der Fürst drehte sich im Sattel um.

Über Gut Baja stand greller Feuerschein.

DONAU
18
14
15
11
13
19
13
1
10
16
17
1
2